붙들어주심

붙들어 주심

이찬수

규장

> 궤도 이탈한 데서 돌아올 때
> # 회복이 시작된다!

피로사회와 절벽사회를 사는 막막한 시대

독일에서 활동하는 철학자 한병철 교수가 쓴 《피로사회》(문학과지성사)라는 제목의 책이 있다. 대통령 선거가 한창이던 2012년도에 모 월간잡지에서 국내 출판인들을 대상으로 "대통령 당선자에게 전해주고 싶은 책"이 뭔지를 조사한 적이 있는데, 그때 1위로 꼽혀 화제가 되었던 책이다. 그런데 어느 글에 보니 국내 출판인들이 이 책을 1위로 꼽은 이유에 대해 이렇게 설명했다.

"(대통령 당선자가) 성공 위주의 사회와 성과로 재단되는 삶 속에서 국민이 얼마나 지쳤는지를 돌아보기를 바라는 마음이 반영된 결과이다."

이 책의 첫 시작은 이렇다.

"시대마다 그 시대에 고유한 주요 질병이 있다. 그래서 이를테면 박테리아적이라고 할 수 있는 시대도 있는 것이다. 하지만 이 시대는 적어도 항생제의 발명과 함께 종언을 고했다. 인플루엔자의 대대적 확산에 대한 공포가 여전히 무시할 수 없는 것이기는 하지만, 우리는 오늘날 더 이상 바이러스의 시대를 살고 있는 것은 아니다.
우리는 면역학적 기술에 힘입어 이미 그 시대를 졸업했다. 21세기의 시작은 병리학적으로 볼 때 박테리아적이지도 바이러스적이지도 않으며, 오히려 신경증적이라고 규정할 수 있다. 신경성 질환들, 이를테면 우울증, 주의력결핍 과잉행동장애, 경계성성격장애, 소진증후군 등이 21세기 초의 병리학적 상황을 지배하고 있는 것이다."

책의 서두만 읽어봐도 이 책이 어떤 식으로 전개될지 짐작할 수 있지 않은가? 이 책을 읽다가 문득 '이 책이 많이 팔리고 사람들의 호응을 얻은 것은 책 내용이 좋기도 하지만 책 제목을 잘 뽑았기 때문이지 않을까?' 하는 생각이 들었다. 현대인이라면 《피로사회》라는 제목만 봐도 충분히 공감할 것이라는 생각이 들었기 때문이다.

최근에는 좀 더 자극적인 제목의 책이 나왔다. 《절벽사회》(고재학, 21세기북스)라는 책이다. 그 책에서 저자는 우리 사회의 절벽을 아홉 가지로 정리하는데, 인구 절벽, 일자리 절벽, 재벌 절벽, 교육 절벽, 취업 절벽, 임금 절벽, 금융 절벽, 창업 절벽, 주거 절벽이 그것이다. 한 항목, 한 항목마다 숨이 막히는 막막함을 가져다주는 절벽이다.

이런 막막함은 최근 모 신문사에서 다룬 "한국인의 마지막 10년"이 라는 특집 기사에서도 느껴졌다. 수명이 길어진 우리 시대 사람들의 현실을 조명해놓은 기사인데, 몇 번에 걸친 특집 기사 제목이 이런 식이었다.

"나이 많아질수록 극단적 선택… 70대 이상 자살률 10년 전의 2배."

"준비 없이 길어진 삶, 망가진 가족관계… 못살았을 때보다 더 불행해진 우리 노년(老年)."

이것이 우리가 살아 숨 쉬는 이 시대의 현실이라니 어떡하면 좋은 가? 다들 잘살아보겠다고 이른 아침부터 늦은 저녁까지 힘에 겹도록 수고하고 있는데, 행복한 삶을 얻기 위해 이처럼 눈물겹게 노력하고 있는데, 현실은 왜 이런 혼미함으로 가득한 세상이 되어버렸나? 어디 서부터 잘못되었나?

궤도 이탈한 데서 돌아서라

나는 목회자이기 때문에 이런 사회 현상에 대해 누구보다도 민감한 편이다. 그리고 "과연 대안은 없을까?"를 늘 고심하고 있다. 사실, 나는 세상이 이렇게 혼미해진 이유를 알고 있다. 나는 그 이유를 '궤도 이탈'이란 단어 하나로 설명할 수 있다고 생각한다. 이런 고통스런 현실을 극복할 수 있는 유일한 비결은 '원 궤도로의 회복' 이다.

룻기는 바로 이 문제를 다루고 있다. 룻기에 나오는 혼미한 가장 엘리멜렉과 그의 아내 나오미, 그리고 그의 두 아들들의 모습이 바로 오늘 이 시대를 살아가는 우리들의 모습 아닌가?

그래서 지난 가을 특별새벽부흥회 때 '룻기'를 택해 말씀을 나눴다. 매번 특새 때마다 주시는 특별한 은혜가 있었지만, 이번에는 나와 성도들에게 말로 설명할 수 없는 큰 깨달음의 은혜를 주셨다. 그때 받았던 기쁨을 독자들과 함께 나누고 싶어서 책으로 엮어보았다.

나는 이 책을 통해 가장의 실수로 덩달아 '궤도 이탈'의 삶을 살던 나오미와 룻의 삶이 어떻게 회복되어가는지 주의 깊게 살펴보게 되기를 바란다. 왜냐하면 바로 거기에 혼미한 우리 시대의 대안이 담겨 있기 때문이다.

궤도 이탈을 선택한 가장이 죽고 나자 나오미와 룻은 절망의 구렁텅이에 빠져버렸다. 그러나 나오미는 그 절망의 자리에 그대로 머물러 있지 않았다. 그녀를 붙잡고 계신 하나님의 손길이 이전보다 더 존귀한 자리로 이끌었기 때문이다. 나오미는 떠났던 자리로 되돌아왔다. 궤도 이탈한 데서 원 상태로 복귀했다. 그 이면에는 실패한 인생을 결코 포기하지 않으시고 끝까지 이끄시며 실패까지도 사용하셔서 일하시는 하나님의 놀라운 회복의 은혜가 있었다.

우리를 붙들고 결코 놓지 않으시는 주님

목회자로서 누리는 기쁨 중에 하나는 이처럼 궤도를 이탈했다가 다시 '원 궤도로의 회복'을 경험하는 성도들의 행복을 지켜보는 것이다. 최근에도 우리 교회에 출석하는 어느 성도의 글을 읽고 가슴 벅찬 감동을 누렸다. 그 분은 결혼 전까지 교회라고는 근처에도 가본 적이 없었다. 그러다 예수 믿는 아내를 만나 결혼 후에 교회를 따라다녔지만, 그야말로 몸만 왔다 갔다 하는 '선데이 크리스천'이었다.

그러다 그 분에게 갑자기 '공황장애'라는 병이 찾아왔다. 그런데 그 절망적인 병을 통해 그 분은 하나님을 만날 수 있었고, 결과적으로 그 무서운 병이 궤도 이탈되었던 그 삶을 다시 하나님 앞으로 되돌리는 축복의 통로가 되었다. 그 감격이 얼마나 컸던지 그 분은 이렇게 감격적인 고백을 나눠주었다.

"그때 찾아온 공황장애라는 병은 세상의 모든 것을 내려놓고 주님과 독대할 수 있는 기회였다고 나는 믿는다. 사실 그동안 주님은 나와 함께하시려고 항상 손 내밀고 기다려주고 계셨지만, 나는 세상의 온갖 것들에 온 신경이 집중되어 있어서 주님의 손을 잡지 못하고 외면하는 시간을 보내고 있었다.

그러나 공황장애라는 병은 세상의 먼지를 가라앉혔고, 그로 인해 나는 주님을 볼 수 있는 복을 누리게 되었다. 내 인생에서 가장 힘든 병을 만나 고생하면서도 주님과 동행하며 그분의 마음을 느낄 수 있었고, 또 주님이 내가 앓고 있는 이 병을 얼마나 아파하시는지 알게 해주셨다. 그러니 얼마나 축복된 시간이었는지 모른다.

지금은 언제 그 병을 앓았는지 모를 정도로 정상적인 생활을 하고 있지만, 그 터널을 지나면서 나눈 주님과의 교제의 시간은 아직도 내게 가장 소중한 기억으로 남아 앞으로의 신앙생활에 큰 자양분이 되고 있다."

나는 이 시대 사람들이 겪고 있는 고통과 좌절이 치유되기를 소원한다. 그러나 더 큰 마음으로 소원하는 것은 그 과정을 통해 나오미와 룻처럼 이탈했던 궤도에서 돌아와 다시 원 궤도로 회복되는 기쁨을 누리게 되는 것이다.

어느 아침, 친한 후배 교역자에게서 이메일을 한 통 받았다.

"출근하는데 갑자기 〈귀천〉이라는 시가 생각났습니다. 사람들이 많이들 좋아하는 시인데, 진짜 이 노래를 부를 수 있는 사람들이 우리 그리스도인들이 아닐까 싶네요. 훗날 하나님 앞에 가서 아름다웠다고, 생명 주시고 사명 주셔서 이 악한 세상 아름답게 살 수 있었다고 그렇게 고백하게 될 날을 사모합니다."

그러면서 〈귀천〉이라는 시를 함께 보내주었다.

나 하늘로 돌아가리라
새벽 빛 와 닿으면 스러지는
이슬 더불어 손에 손을 잡고,

나 하늘로 돌아가리라

노을빛 함께 단 둘이서

기슭에서 놀다가 구름 손짓하면은,

나 하늘로 돌아가리라

아름다운 이 세상 소풍 끝내는 날,

가서 아름다웠더라고 말하리라…

_귀천(歸天), 천상병

이 책을 읽는 모든 독자들의 삶에 이런 기쁨이 회복되기를 기도한다. 우리를 붙들고 놓지 않으시는 주님을 다시 만나는, 그래서 궤도 이탈한 데서 원 궤도로 회복되는 은혜가 임하게 되기를 마음 다해 바란다.

이찬수

이같이 놀라운 은혜가 비참하게 실패한 인생,

도로 위에 널브러진 지렁이 같은 신세가 되어버린

엘리멜렉 가문을 통해 제시되고 있다.

하나님은 왕이 없어 혼미하고 절망적인 사사 시대의 대안으로

실패한 인생인 엘리멜렉과 그의 가문을 통해

예수 그리스도의 계보를 제시하신다.

하나님만이 행하실 수 있는 놀라운 은혜의 반전이다.

실패의 자리,

하나님이 일하신다

PART 1

1 사사들이 치리하던 때에 그 땅에 흉년이 드니라 유다 베들레헴에 한 사람이 그의 아내와 두 아들을 데리고 모압 지방에 가서 거류하였는데 2 그 사람의 이름은 엘리멜렉이요 그의 아내의 이름은 나오미요 그의 두 아들의 이름은 말론과 기론이니 유다 베들레헴 에브랏 사람들이더라 그들이 모압 지방에 들어가서 거기 살더니 3 나오미의 남편 엘리멜렉이 죽고 나오미와 그의 두 아들이 남았으며 4 그들은 모압 여자 중에서 그들의 아내를 맞이하였는데 하나의 이름은 오르바요 하나의 이름은 룻이더라 그들이 거기에 거주한 지 십 년쯤에 5 말론과 기론 두 사람이 다 죽고 그 여인은 두 아들과 남편의 뒤에 남았더라

인간은 실패해도
하나님은 이루신다

인생은 고통의 연속

유명한 정신과 의사이자 작가인 스캇 펙(M. Scott Peck, 1936-2005)이 쓴
《아직도 가야 할 길》(율리시즈)이란 책이 있다. 그 책에서 가장 먼저 다
루고 있는 주제는 "삶은 문제와 고통의 연속이다"란 것이다. 그에 대
해 스캇 펙은 이렇게 말한다.

> "삶은 고해(苦海)이다. 이것은 위대한 진리다. 다시 말하자면, 이 세상에
> 서 가장 위대한 진리 중의 하나이다. 이것이 위대한 진리인 까닭은 진정
> 으로 이 진리를 깨닫게 되면 그것을 뛰어넘을 수 있기 때문이다. 진정으
> 로 삶이 힘들다는 것을 알게 되면, 즉 진정으로 그 사실을 이해하고 받아

들이게 되면, 삶은 더 이상 힘들지 않게 된다. 일단 받아들이게 되면 삶이 힘들다는 사실은 더 이상 문제가 되지 않기 때문이다."

많은 사람을 상대하는 목회자로서 나는 스캇 펙의 이야기에 정말 공감했다. 그가 주장하는 것은, 인생이 고해인 것은 틀림없지만 그것을 피하지 않고 맞선다면 그 고통이 더 이상 문제가 되지 않는다는 것이다. 그렇다면 뭐가 문제인가? 스캇 펙은 계속해서 이렇게 말한다.

"우리들 거의 대부분은 당면한 문제를 두려워하면서 피하려 든다. 문제를 질질 끌면서 문제가 저절로 사라지기를 바란다. 문제를 무시하고 잊어버리고 문제가 없는 것처럼 행동한다. 심지어는 문제를 잊기 위한 보조적인 수단으로 약을 복용하여, 결국에는 고통스러울 정도로 자신을 마비시킴으로써 고통을 안겨준 문제를 잊기도 한다. 우리는 문제와 정면으로 부딪치기보다는 주변에서 맴돌려고 한다. 문제 안에서 괴로워하기보다는 문제 밖으로 빠져나오고 싶어 한다."

우리는 인생에 고통을 가져오는 문제와 피하지 않고 맞서 싸워야 하지만 우리는 그것을 두려워하면서 피한다. 바로 이것이 문제이다. 약에 의존하거나 술과 담배와 도박 등에 매달려 문제를 회피하려다 보니 오히려 고통의 문제에 함몰되어버릴 수밖에 없다.

엘리멜렉에게 몰려온 인생의 먹구름

나는 스캇 펙의 글을 읽으며 한 인물이 떠올랐다. 룻기에 나오는 엘리멜렉이다. 그는 바로 이 부분에서 실패한 사람이다.

어느 날 엘리멜렉의 집안에 큰 먹구름이 몰려왔다.

사사들이 치리하던 때에 그 땅에 흉년이 드니라 룻 1:1

'흉년'이라는 큰 먹구름이 엘리멜렉과 그 가정에 몰려왔다. 스캇 펙이 말한 인생의 고통이 찾아온 것이다. 그렇게 시작된 인생의 비극은 어떻게 이어지는가?

나오미의 남편 엘리멜렉이 죽고 나오미와 그의 두 아들이 남았으며 룻 1:3

엘리멜렉이 죽었다. 그러나 비극은 여기에서 그치지 않았다. 그의 두 아들까지도 죽고 만 것이다.

말론과 기룐 두 사람이 다 죽고 그 여인은 두 아들과 남편의 뒤에 남았더라 룻 1:5

흉년이 몰려왔으며 아버지이자 남편인 가장이 죽었고, 이어서 두 아들까지도 죽고 말았다. 룻기는 이토록 참담하게 몰락하는 한 가족의 이야기로 시작한다. 그러나 비극으로 시작된 룻기는 비극으로 끝나지 않는다. 그것이 우리에게 은혜가 된다.

룻기의 내용은 크게 두 기둥으로 정리할 수 있다. 한 기둥은 가장인 엘리멜렉의 판단 착오와 그로 인해 비참한 수렁으로 빠져가는 개인과 가정의 몰락에 대한 이야기이다. 또 다른 기둥은 그렇게 실패와 절망으로 무너져버린 가문에 개입하시어 그 실패까지도 사용하여 일하시는 하나님에 대한 이야기이다. 그것이 나에게 너무나 가슴 벅찬 은혜를 안겨주었다.

약속의 땅에 불어 닥친 흉년

흉년이 닥쳐 한 집안을 그대로 집어삼켜버렸다. 그런데 그것이 어디에서 일어났는지가 중요하다. 흉년은 유다 베들레헴에서 일어났다. 이것이 왜 문제가 되는가 하면, 영적으로 볼 때 유다 베들레헴은 흉년이 일어나서는 안 되는 땅이기 때문이다. 출애굽기 3장 8절에 이런 말씀이 있다.

내가 내려가서 그들을 애굽인의 손에서 건져내고 그들을 그 땅에서 인도하여 아름답고 광대한 땅, 젖과 꿀이 흐르는 땅 곧 가나안 족속, 헷 족속,

아모리 족속, 브리스 족속, 히위 족속, 여부스 족속의 지방에 데려가려 하
노라 출 3:8

베들레헴은 하나님의 약속의 땅이다. 그곳은 아름답고 광대한 땅,
젖과 꿀이 흐르는 땅이며, 이름 자체도 '떡집', 오늘날로 말하면 '빵
집'이란 뜻이다. 그 땅을 풍요롭게 해주시겠다는 하나님의 약속이 반
영됐다. 그런데 하나님이 약속하신 젖과 꿀이 흐르는 그곳에 어떻게
흉년이 올 수 있단 말인가? 정말 이상한 일이 아닌가?

살다 보면 도저히 흉년이 일어나면 안 되는 곳에 흉년이 찾아오는
것을 보게 된다. '아니, 어떻게 저렇게 예수를 잘 믿는 가정에 저런 아
픔이 찾아올 수 있을까?', '예수를 잘 믿는 저 사람에게 어떻게 저런
인생의 흉년이 찾아올 수 있단 말인가?' 하는 의구심으로 가득한 것이
인생이다. 그럴 때 우리는 어떻게 해야 하는가? 도저히 설명할 길이
없고 이해할 수도 없는 인생의 흉년이 몰아닥칠 때 우리는 어떻게 해
야 하는가?

이해할 수 없는 비극 앞에서

예수 잘 믿는 어떤 사람이 예배를 드리러 가다가 교통사고로 다리가
부러졌다. 급히 응급실로 이송되어 치료를 하고 깁스로 다리를 잘 고

정해놓았다. 그 소식을 들은 교인들은 다 같이 문병을 가서는 "하나님, 부러진 다리를 고쳐주옵소서" 하며 열심히 기도한다. 믿음이 있으니 얼마나 열심히 기도했겠는가? 그러자 하나님이 그 기도를 들으시고 부러진 다리를 고쳐주셨다. 할렐루야!

우리가 흔히 듣는 간증들이 대개 이런 식이다. 그렇다면 하나님은 병 주고 약 주는 분이신가? 처음부터 다리가 부러지지 않도록 지켜주셨으면 좋았을 텐데 왜 부러뜨리셨다가 기도하면 고쳐주시는가?

여기에 머물면 우리의 신앙은 바닥 수준을 넘어서지 못하게 된다. 그렇기 때문에 우리는 이해되지 않는 사고를 만나거나 아픔을 당할 때 "이것을 해결해주옵소서. 고쳐주옵소서"라고 기도하기 전에 먼저 "하나님, 내게 왜 이런 아픔이 찾아왔습니까? 이 고통을 통해 제게 무엇을 말씀하길 원하십니까?"라고 기도해야 한다. "부러진 다리를 고쳐주세요"라고 부르짖기 전에 "하나님, 제가 예배드리러 가다가 다리가 부러졌는데, 도대체 무슨 메시지를 주려 하심입니까?"라는 질문이 필요하다.

젖과 꿀이 흐르는 축복의 땅인 베들레헴에 흉년이 찾아왔다. 떡집에 떡이 떨어진 것이다. 어떻게 그런 일이 있을 수 있단 말인가? 그렇다면 그 문제를 가지고 하나님 앞에 나아가 씨름하면서 그 고난을 통해 내게 하나님이 무슨 말씀을 주길 원하시는지 깊이 살폈어야 했다. 그러나 엘리멜렉은 그러기 싫어서 도망쳐버렸다. 현실에서 도피한 것이다. 이것이 비극의 출발이었다.

하나님의 메가폰

우리는 엘리멜렉과 같은 실수를 범해선 안 된다. 적어도 예수님을 믿는 하나님의 자녀들에게 찾아오는 고통에는 반드시 뜻이 있다고 나는 믿는다. 그 고통을 통해서 하나님이 말씀하시고자 하는 메시지가 반드시 있다. 그렇기 때문에 우리에게 아픔과 고통이 찾아오면 그 문제를 가지고 하나님 앞에 나아가 씨름해야 한다. 성경은 이렇게 말한다.

> 그러므로 어디서 떨어졌는지를 생각하고 회개하여 처음 행위를 가지라
> 계 2:5

> 형통한 날에는 기뻐하고 곤고한 날에는 되돌아보아라 이 두 가지를 하나님이 병행하게 하사 사람이 그의 장래 일을 능히 헤아려 알지 못하게 하셨느니라 전 7:14

이런 면에서 보면 우리의 신앙은 수준이 너무 얕다. 모든 것이 우리 위주이다. 하나님께서는 형통한 날과 곤고한 날 두 가지가 병행되게

하셨다. 그것이 하나님의 창조 질서이다. 그런데 우리는 눈앞의 문제만 가지고 언제 내 상황이 좋아질 것인지에만 관심이 있다. 게다가 하나님은 우리가 장래 일을 헤아려 알지 못하게 하셨는데, 우리는 틈만 나면 '누구에게 예언의 은사가 있다더라, 누가 잘 맞춘다더라' 하면서 하나님이 알지 못하게 하신 것을 알기 위해 애쓴다.

우리가 할 일은 다만 그날 형통하면 그에 기뻐하고 감사하며 즐거워하는 것이고, 흉년과 고난이 찾아오면 깊이 돌아보아 하나님이 이 일을 통해 무슨 말씀을 주시고자 하는지 점검하는 것이다. 이런 맥락에서 나는 C. S. 루이스가 고통에 관해 남긴 말에 깊이 공감한다. 그는 이런 말을 했다.

"고통은 귀먹은 세상을 깨우기 위한 그분의 메가폰이다."

고통은 세상의 온갖 산만한 소리에 집중하느라 하나님의 말씀을 듣지 못하고 엉뚱한 길로 가는 우리를 일깨우는 하나님의 메가폰이라는 것이다. 하나님은 확성기로 들려주시듯 고통으로 우리를 집중시키셔서 바른 길로 가게 하신다. 그래서 시편 기자는 이렇게 고백한다.

고난당하기 전에는 내가 그릇 행하였더니 이제는 주의 말씀을 지키나이다
시 119:67

부러진 다리를 고쳐주시는 것이 전부가 아니다. 우리의 인생에 찾

아오는 아픔, 밤에 잠 못 이루며 신음하는 절망적인 실패, 말로 할 수 없는 인생의 흉년이 찾아왔을 때 우리도 시편 기자와 같은 고백을 할 수 있어야 한다. 그 고통 안에 담긴 하나님의 뜻을 발견할 수 있어야 한다. 그리하여 고난이 우리를 성숙하게 하는 하나님의 축복의 통로요, 변장하고 찾아오는 축복의 도구라는 사실을 깨닫는 수준으로까지 성장하는 신앙인이 되어야 한다.

왜 흉년이 왔을까

엘리멜렉은 자신에게 찾아온 이해할 수 없는 고통과 씨름하는 대신에 모압으로 도망가버렸다. 그렇다면 우리는 어떻게 해야 하는가? 이 본문을 어떻게 읽어야 하는가? 우리가 씨름해야 할 것은 무엇인가?

먼저 우리는 "하나님, 왜 '떡집'이라는 축복의 땅, 젖과 꿀이 흐르는 약속의 땅 베들레헴에 흉년이 찾아왔습니까?"라는 질문을 던져야 한다.

이 질문에 대해 묵상하며 자료를 찾다 보니, 답은 의외로 쉬운 곳에 있었다. 하나님은 룻기 1장 1절에 이미 답을 해놓으셨다. 룻기는 이렇게 시작한다.

사사들이 치리하던 때에 _룻 1:1_

이것이 답이다. 베들레헴에 흉년이 든 것은 사사들이 치리하던 때, 곧 사사 시대 때이다. 이때는 한마디로 타락의 시대였다. 상상을 초월하는 성적(性的) 타락과 도덕적 타락이 일어났고, 그것은 극심한 혼란과 배교의 시대로 이어졌다. 그 시대를 한마디로 표현하는 구절이 사사기 맨 마지막에 나오는 말씀이다.

> 그때에 이스라엘에 왕이 없으므로 사람이 각기 자기의 소견에 옳은 대로
> 행하였더라 삿 21:25

성경은 사사 시대를 '자신들을 다스릴 왕이 없던 시대'라고 요약한다. 즉 죄성을 가진 인간의 본능을 통제할 기능이 마비되었다. 그러다 보니 상상할 수 없는 전쟁과 살육과 타락이 이어졌다. 혼미하고 타락한 시대의 베들레헴에 흉년이 온 것이다.

사사기는 '타락, 징계, 회개, 회복'이라는 네 단계의 사이클이 계속 반복되는 구조이다. 타락한 이스라엘 백성을 하나님이 징계하신다. 징계를 받으면 이스라엘 백성들은 '앗, 뜨거' 하면서 정신을 차리고 회개한다. 회개하면 하나님이 용서와 회복을 주신다. 그렇게 평안의 시간이 좀 지나면 이스라엘 백성들은 또 무뎌지고 타락한다. 그러면 하나님은 다시 징계하신다. 징계를 받으면 또 '앗, 뜨거' 하면서 회개한다. 회개하면 하나님이 긍휼히 보셔서 회복시켜주신다.

롯기는 바로 그런 사사 시대 때 일어난 일을 기록한 것이다. 이제 답이 나오지 않는가? 흉년이 왜 생겼는가? 왜 젖과 꿀이 흐르는 축복의 땅 베들레헴에 흉년이라는 절망적인 비극이 찾아왔는가? 그것은 그 당시 타락한 이스라엘 백성들을 징계하시기 위해 하나님이 의도하신 흉년이었다.

첫 번째 실수, 현실 도피

그러면 엘리멜렉은 이때 어떻게 해야 했는가? 그 흉년을 보면서 하나님의 깊은 뜻을 헤아려 회개의 자리로 나아가야 했다. 그것이 흉년을 허락하신 하나님의 의도였다. 그러나 엘리멜렉은 그러지 않았다. 그는 현실 도피를 택하고 모압으로 도망가버렸다.

> 유다 베들레헴에 한 사람이 그의 아내와 두 아들을 데리고 '모압 지방에 가서 거류하였는데' 룻 1:1

영어성경 NIV로 보면 이 부분이 'went to live for a while'이라고 표현되어 있다. 'for a while'은 '잠시, 잠깐, 얼마 동안'이란 뜻이다. 즉, 엘리멜렉은 모압으로 아예 이민을 간 것이 아니다. 당장 눈앞에 펼쳐진 흉년이라는 현실에서 도피하기 위해 잠깐 도망간 것이다.

나는 엘리멜렉의 치명적인 실수를 두 가지로 생각해보았는데, 그 하나가 바로 '현실 도피'이다. 스캇 펙이 말한 것처럼 인생은 고통이고 고뇌이다. 그렇기 때문에 내 인생에 고통이 찾아올 때는 회피하는 것이 아니라 그 고통에 담긴 뜻이 무엇인지를 알기 위해 씨름하며 주님 앞에 나아가야 한다. 그런데 엘리멜렉은 도망가버렸다. 이것이 엘리멜렉의 첫 번째 실수이다.

두 번째 실수, 궤도 이탈

엘리멜렉의 두 번째 치명적 실수는 '궤도 이탈'이다. 엘리멜렉이 흉년을 피해 도망간 곳은 모압 지방이었다. 하지만 아무리 다급했어도 모압 지방은 하나님의 백성이 절대로 도망가서는 안 되는 곳이었다. 신명기 23장을 보라.

> 암몬 사람과 모압 사람은 여호와의 총회에 들어오지 못하리니 그들에게 속한 자는 십 대뿐 아니라 영원히 여호와의 총회에 들어오지 못하리라 … 네 평생에 그들의 평안함과 형통함을 영원히 구하지 말지니라 신 23:3,6

모세의 법을 볼 때 하나님은 이스라엘 백성들이 모압과 철저히 분리되기를 원하셨다. 그 땅이 아무리 비옥하고 풍요롭다 해도 기웃거려서는 안 된다는 말이다. 그런데 엘리멜렉은 바로 그 모압으로 도망감으로써 궤도를 완전히 이탈하고 말았다.

그렇다면 엘리멜렉은 왜 하나님이 금하시는 모압 땅으로 갔을까? 이 질문은 상식으로도 대답할 수 있다. 모압 지방은 강수량이 풍부해서 초목이 잘 자라는 비옥한 땅이었다. 엘리멜렉이 보기에는 흉년이 든 베들레헴과 모압 땅은 완전히 대조적인 모습이었다.

오늘날 우리 역시 이런 우(愚)를 범하는 경우가 얼마나 많은지 모른다. 하나님은 우리가 흉년을 통해 영적으로 더 깊이 들어가기를 원하시지만 우리는 그것을 싫어한다. 내가 왜 흉년을 만나야 하냐고 반항하며 모압으로 도망간다. 궤도를 이탈해버리는 것이다. 이것이 엘리멜렉 자신은 물론이고 그 자녀들까지도 몰락하게 만든 결정적인 실수였다.

살려고 도망갔지만

나는 '궤도 이탈'이라는 엘리멜렉의 실수에서 아스팔트 길 위에서 죽어가는 지렁이가 생각난다. 요즘 월요일마다 자전거를 타는데, 비가 온 다음날이면 탄천 자전거 도로 위에 흙먼지를 뒤집어쓰고 온몸을 배배 꼬며 죽어가는 지렁이들을 많이 볼 수 있다. 처음엔 지렁이가 너무 징그러워서 이리저리 피해 가기 바빴는데, 문득 왜 이렇게 많은 지렁이들이 아스팔트 도로 위로 나와 죽어가고 있을까 궁금해졌다. 지렁이들은 왜 흙 속이라는 따뜻하고 안락한 거처를 두고 메마른 도로로 나왔을까?

이 같은 의문을 갖고 있었는데, 우리 교회 교역자 한 명이 답을 알려주었다. 지렁이는 원래 피부의 감각에 따라 움직이고 피부로 숨을 쉰다고 한다. 그런데 비가 많이 와서 흙 속에 물이 차면 숨 쉬기가 어려워진 지렁이들이 숨 쉴 곳을 찾아서 아스팔트 도로 위에 나오게 된다는 것이다.

듣고 보니 정말 그럴 듯했다. 그리고 그런 지렁이들의 습성에서 귀한 영적 교훈을 발견했다. 지렁이가 흙 밖으로 뛰쳐나간 것은 자기 나름대로 살길을 찾아간 것이다. 다 나름대로 이유가 있다는 것이다.

엘리멜렉이 가서는 안 되는 모압으로 가게 된 것도 자기 나름의 이유가 있었다. 그런데 그것이 결과적으로 궤도 이탈을 일으켜 비참한 결과를 초래하고 말았다. 마치 숨 쉴 곳을 찾아서 나갔다가 햇볕이 내리쬐는 도로 위에서 온몸에 흙을 뒤집어쓴 채 비참하게 뒹굴며 죽어가는 지렁이같이 말이다.

인생에 흉년이 찾아오고 감당하기 어려운 일들이 닥쳐왔을 때 내 의지로 한번 해보겠다고 아스팔트로 찾아나서는 지렁이 같은 인생은 아닌지 스스로를 돌아봐야 한다. 나름대로는 살길을 찾아 나선 것이지만 그 길에는 결국 비참한 죽음이 기다리고 있을 뿐이다.

고난 앞의 두 갈래 길

이런 맥락에서 다윗이 쓴 시편 11편 1절이 얼마나 귀한 고백인지 모른다. 시편 11편이 쓰인 배경에 대해서는 조금씩 다른 의견들이 있지만, 다윗이 인생의 극심한 고난 가운데서 쓴 시라는 데는 이견이 없다. 어떤 학자들은 이것이 그의 아들 압살롬이 반란을 일으켜 인생의 가장 절망적인 순간에 처했을 때 쓴 시라고도 한다. 그렇다면 다윗은 인생의 절망적인 그 흉년에 어떻게 대처했는가?

> 내가 여호와께 피하였거늘 너희가 내 영혼에게 새같이 네 산으로 도망하라 함은 어찌함인가 시 11:1

인생이 고난을 만나면 그 앞에 두 갈래 길이 펼쳐진다. 하나는 다윗이 선택한 길, 여호와께로 피하는 길이다. 또 다른 길은 세상 사람들이 권하는 길이다. 새처럼 날렵하게 산으로 도망하는 길, 현실 도피의 길이다.

이 세상은 우리에게 고난이나 흉년을 만나면 하나님을 찾지 말고 우리 방식대로 살길을 찾아 도로로 나가라고 권한다. 날렵하게 '네 산'으로 도망가라는 것이다. 그러나 다윗은 자기 산으로 도망가지 않고 여호와 하나님께로 피하겠다고 고백하고 있다.

엘리멜렉은 바로 이 부분에서 실패했다. 그는 자기 방식대로 잘살아보겠다고 모압으로 피해갔다. 그러나 그것이 결국 자기 자신은 물론이고 가족들까지도 모두 몰락시키는 비극을 초래하고 말았다.

놀라운 회복

그러나 룻기는 비극으로 끝나지 않는다. 은혜가 되는 것은 그 때문이다. 도로에 널브러진 지렁이 같은 존재로 전락해버린 실패한 엘리멜렉과 그의 가문이었지만, 하나님께서는 그 가정을 위해 또 다른 축(軸)을 준비해두셨다.

완전히 잘못된 판단으로 실패하고 몰락해버린 그 인생을 통해 하나님이 어떻게 일하시는지, 그것이 룻기의 또 다른 한 축이다. 하나님의 일하심과 은혜는 우리의 상상을 초월한다.

이미 언급한 것처럼, 룻기는 사사 시대를 배경으로 하기에 사사기와 룻기는 함께 읽어야 한다. 사사기가 그 악한 시대의 이스라엘 사회를 조명한 것이라면 룻기는 아주 세밀하고 섬세하게 그 시대를 살아가던 한 가정을 조명하고 있다.

한 가지 중요한 것은 사사기가 문제 제기로 끝이 나는 반면 룻기는 문제 제기에 대한 대답 형식으로 끝난다는 것이다. 사사기의 마지막 절을 보자.

그때에 이스라엘에 왕이 없으므로 사람이 각기 자기의 소견에 옳은 대로 행하였더라 삿 21:25

"사람들이 왕이 없어 자기 좋을 대로 행하는 이런 시대를 어떻게 할 것인가?" 하는 문제를 제기하면서 사사기는 결말을 짓는다. 반면 룻기는 이렇게 끝난다.

베레스의 계보는 이러하니라 베레스는 헤스론을 낳고 헤스론은 람을 낳았고 람은 암미나답을 낳았고 암미나답은 나손을 낳았고 나손은 살몬을 낳았고 살몬은 보아스를 낳았고 보아스는 오벳을 낳았고 오벳은 이새를 낳고 이새는 다윗을 낳았더라 룻 4:18-22

사사기에서 제기한 문제가 무엇인가? 왕이 없다는 것이다. 자기를 지도해줄 왕이 없어서 혼미한 시대이다. 그래서 "이를 어찌할꼬?" 하며 탄식하는 사사기의 물음에 하나님은 룻기를 통해 대답해주셨다.

"다윗을 낳았더라"라는 말씀에서 보듯이, 룻기는 일차적으로 이스라엘 백성들이 우러러 마지않는 다윗이라는 위대한 왕을 준비해두셨음을 설명하고 있다. 그리고 한 걸음 더 나아가 혼미한 백성들을 위해 예비된 진정한 왕, 우리의 메시아 되시는 예수 그리스도께서 계시다는 것을 설명하고 있다.

여기서 우리가 주목해야 하는 것은 이같이 놀라운 은혜가 비참하게 실패한 인생, 도로 위에 널브러진 지렁이 같은 신세가 되어버린 엘리멜렉 가문을 통해 제시되고 있다는 사실이다. 하나님은 왕이 없어 혼미하고 절망적인 사사 시대의 대안으로 실패한 인생인 엘리멜렉과 그의 가문을 통해 예수 그리스도의 계보를 제시하신다. 하나님만이 행하실 수 있는 놀라운 은혜의 반전이다.

지렁이 같은 너 야곱아!

이런 묵상을 하다 보니 때로는 자전거를 세워놓고 지렁이를 옮겨주고 싶은 충동도 느낀다. 하지만 마음만 있을 뿐 한 번도 그렇게 해본 적은 없다. 지렁이를 볼 때마다 충동을 느끼지만 언제나 마음뿐이다. 지렁이를 그렇게까지는 사랑하지 않기 때문이다.

나는 지렁이를 손으로 옮겨주는 것도 더럽고 귀찮아서 안 하는데, 우리 주 예수님은 아스팔트 위를 고통 가운데 뒹굴고 있는 것 같은 초라한 인생을 위해 십자가에 자신을 내어주심으로 우리를 회복시켜주셨다. 그 생각을 하면 정말 은혜와 감격이 넘친다. 그러면서 불쑥 이 말씀이 떠올랐다.

지렁이 같은 너 야곱아, 너희 이스라엘 사람들아 두려워 말라 나 여호와
가 말하노니 내가 너를 도울 것이라 네 구속자는 이스라엘의 거룩한 자
니라 사 41:14, 개역한글성경

하나님은 이스라엘을 향해 "지렁이 같은 너 야곱아"라고 부르신다.
타락과 궤도 이탈로 말미암아 바벨론 포로로 끌려가는 비참한 역사가
예고되어 있는 인생 앞에서 그들이 회복되기를 바라시며 안타까이 부
르시는 하나님의 음성이다.

흙먼지를 뒤집어 쓴 채 도로 위를 뒹굴고 있는 지렁이같이 실패한
인생, 죽음밖에 남지 않은 것 같은 절망적인 상황에서 어떻게 하면 회
복될 수 있는가? 베들레헴으로 돌아가면 된다. 거기서부터 회복이 일
어난다. 주변 사람들이 아무리 "날렵하게 네 산으로 도망가라"고 해
도 우리는 베들레헴으로, 우리의 하나님께로 돌아가야 한다.

아직 소망이 있다

이 부분을 묵상하며 설교를 준비하다가 많이 울었다. 목사님이었던
아버지가 어떻게든 교회를 세워보겠다고 금식기도를 하다 돌아가시
고, 세상 기준으로는 연약하기 짝이 없는 어머니만 홀로 남았을 때 우
리 가정은 그야말로 절망에 빠진 지렁이 같았다. 세상 경험 하나 없는

시골 교회 사모님이 뭘 할 수 있었겠는가? 세상 사람들처럼 자기 목적을 위해 거짓을 말할 수 있었겠는가? 속임수를 쓸 수 있었겠는가? 요즘도 우리나라는 "정직하면 망한다"는 자조 섞인 말이 설득력을 얻고 있는데, 이는 당시도 마찬가지였다. 이런 세상에서 남편과 아버지를 잃은 어머니와 우리 오남매는 가장 비참하고 초라한 자리로 나뒹굴어졌다.

"저 가정이 어떻게 다시 일어날 수 있을까?"

도무지 아무도 예측할 수 없고 어떤 소망도 섣불리 갖는 것이 어렵던 상황이었다.

그랬던 나와 우리 가정에 도저히 이해할 수 없는 기적이 일어났다. 눈물로 기도하시던 아버지의 뒤를 이어 내가 목사가 되고, 정말 말할 수 없는 은혜와 기적이 찾아왔다. 아버지가 그토록 꿈꾸던 하나님의 교회를 세우는 일에 감히 나같이 우둔하고 미천한 사람이 쓰임 받다니, 그리고 이처럼 놀라운 은혜의 자리로 인도해주시다니 그야말로 놀라운 은혜 그 자체이다.

하나님은 인간의 눈으로 보면 실패한 엘리멜렉 가문과 같던 우리 가정, 가장이 죽고 비탄에 빠진 가정을 상상을 초월하는 영광의 자리로 인도해주셨다. 그 은혜가 얼마나 감격스럽게 다가오던지 눈물이 펑펑 쏟아지며 "이것이 하나님의 은혜군요!"라는 고백이 절로 나왔다. 나는 나 자신을 볼 때마다 스스로에게 독백한다.

"홍해가 갈라지는 기적은 성경 안에만 있는 것이 아니다. 내 삶 자체가 홍해가 갈라지는 기적이다."

나는 아침마다 하나님의 은혜로 세워진 교회로 출근하는 그 길이 갈라진 홍해길처럼 느껴진다. 이 은혜의 물줄기가 우리 모두의 가정에게로 흘러가기를 바란다.

가정에 흉년이 찾아왔는가? 그것에 제대로 대처하지 못해서 절망적인 상황에 빠졌는가? 건강을 잃었는가? 과거의 잘못에 대한 후회로 절망하고 있는가? 부부 사이에 문제가 생겼는가? 가정이 깨어졌는가? 자녀들이 방황하고 있는가? 하지만 괜찮다. 아직 소망이 있다.

사실 나도 인생을 돌아보면 후회되는 부분이 있다. 나는 지금까지 넘치는 하나님의 은혜로 살아왔기에 다른 모든 부분에 있어서는 후회가 없다. 지금 죽어도 여한이 없을 정도이다. 그런데 딱 하나, 돌이키고 싶은 것이 있다. 바로 자녀들에 관한 문제이다. 고맙게도 세 아이들이 지금까지 잘 자라주고 있지만, 아비 된 마음으로 돌아보니 미안한 것이 참 많다.

'아, 그때 이렇게 해주었어야 했는데…. 그때 이렇게 신앙교육을 시켰어야 했는데….'

이런 후회가 밀려올 때마다 하나님이 허락만 해주신다면 아내가 큰아이를 임신했던 때로 돌아가고 싶다. 그러나 그럴 수는 없지 않은가? 그래서 나는 기도한다.

"하나님! 제가 아비로서 제대로 신앙교육도 못 시키고 마음껏 사랑을 표현해주지도 못했습니다. 이것도 못하고, 저것도 못해서 회한이 가득하고 아이들에게 미안한 일들이 많지만, 그 일들조차도 하나님이 선용하셔서 은혜를 주옵소서. 룻기가 절망적인 엘리멜렉의 가문으로 시작했지만 다윗의 가문으로 계보가 이어지는 위대한 하나님의 역사로 마무리되는 것처럼, 우리 가정에도 그런 은혜를 주옵소서!"

우리 모두 이 은혜를 구해야 한다. 실패한 인생을 사용하셔서 놀라운 역사를 이루시는 하나님의 은혜를 사모해야 한다. 이 말씀을 묵상하면서 큰 은혜가 되었던 찬양이 있다.

어찌하여야 그 크신 은혜 갚으리
무슨 말로써 그 사랑 참 감사하리요
하늘의 천군 천사라도 나의 마음 모르리라
나 이제 새 소망 있음은 당신의 은혜라

_〈나의 찬미〉, 안드레 크라우치(Andrae Crouch)

도로 위에 널브러져 있는 지렁이 같은 우리 인생을 구원하신 하나님의 은혜, 그 구원의 감격을 누가 알겠는가? 나의 실패와 실수까지도 사용하셔서 은혜를 베푸시는 하나님의 역사에 우리가 무슨 말로 감사를 표현할 수 있겠는가?

우리의 인생 가운데 행하신 하나님의 일하심이 떠올려지고, 그 감격이 회복되는 은혜가 우리 모두에게 있기를 바란다. 우리의 실수와 실패까지도 사용하셔서 놀라운 일들을 이루시는 하나님의 역사가 우리 모두에게 있기를 정말 간절히 바란다.

1 사사들이 치리하던 때에 그 땅에 흉년이 드니라 유다 베들레헴에 한 사람이 그의 아내와 두 아들을 데리고 모압 지방에 가서 거류하였는데 2 그 사람의 이름은 엘리멜렉이요 그의 아내의 이름은 나오미요 그의 두 아들의 이름은 말론과 기룐이니 유다 베들레헴 에브랏 사람들이더라 그들이 모압 지방에 들어가서 거기 살더니 3 나오미의 남편 엘리멜렉이 죽고 나오미와 그의 두 아들이 남았으며 4 그들은 모압 여자 중에서 그들의 아내를 맞이하였는데 하나의 이름은 오르바요 하나의 이름은 룻이더라 그들이 거기에 거주한 지 십 년쯤에 5 말론과 기룐 두 사람이 다 죽고 그 여인은 두 아들과 남편의 뒤에 남았더라

영적 빵집에
빵이 떨어졌다

chapter 2

복음 빠진 교회

평소에 알고 지내는 크리스천 연예인 한 분이 얼마 전에 나를 찾아왔다. 이런저런 이야기를 나누다가 그 분이 이런 말을 했다.

"목사님, 저는 교회에서 연예인을 초청해서 간증집회하는 것을 볼 때마다 마음이 너무 아파요."

교회에서 연예인을 초청해서 하는 간증집회의 내용을 들어보면 그 안에 복음은 별로 없고 그저 자기의 명성과 인기를 자랑하는 경우가 너무 많다는 것이다. 연예인들 사이에서도 교회에 초청 받아 다니면서 대접 받는 데 익숙해진 분위기가 있다는 것이다.

이런 이야기를 나누는데 목사로서 참 부끄럽기도 하고 마음이 아팠다. 그 분의 요지는 복음 없는 메시지, 복음 없는 교회, 복음 없는 목회자가 많은 것이 가슴이 아프다는 것이다. 그러면서 간곡히 부탁했다.

"목사님, 제발 교회가 이러지 않았으면 좋겠습니다."

복음 없는 교회, 복음 없는 목회자라니, 어디 상상이나 할 수 있는 일인가. 그런데 그런 교회와 목회자가 많다는 것이 슬픈 현실이다.

그런 대화를 나누고 나서 토미 테니(Tommy Tenney)가 쓴 《하나님 당신을 갈망합니다》(두란노)란 책을 읽게 되었다. 그 책의 목차에 '천국 빵을 얻으라 - 교회는 텅 비었고 사람들은 굶주렸다'라는 제목의 장이 있었다. 룻기 1장을 가지고 쓴 내용이었다. 나오미와 그 남편 엘리멜렉과 두 아들이 고향을 떠나 모압으로 이주한 것은 베들레헴에 흉년이 들었기 때문이다. 그런데 토미 테니의 주장은 이렇다. '베들레헴'이라는 지명의 이름은 히브리어로 '빵집'이란 뜻인데, 그들이 '빵집'인 베들레헴을 떠난 이유는 빵집에 빵이 없었기 때문이란 것이다.

그 주장에 내 눈에 확 들어왔다. 그리고 방금 그 크리스천 연예인과 나누었던 대화가 파노라마처럼 머릿속에 스치고 지나갔다. 그렇다. 사람들은 왜 교회를 떠나는가? 먹을 빵이 없었기 때문이다.

그 책에 보면 또 이런 내용들이 있다. 나오미 일가와 오늘날 교회를 외면하는 사람들에게는 공통점이 있는데, 둘 다 어떻게든 살려고 빵을 찾기 위해 다른 곳으로 갔다는 것이다. 교회의 찬장은 텅 비어 있고, 식품 저장실에는 아무것도 없고, 사무실에는 빵 제조법만 가득하다. 오븐은 먼지가 쌓인 채 싸늘하게 식어 있는데도 교회는 교회에 빵이 있다고 허위 광고하며 떠벌렸다. 우리는 그분이 어디 계셨고, 무슨 일을 하셨는지 거창하게 떠들지만 지금 우리 가운데서 하고 계신 일에 대해서는 거의 할 말이 없다. 너무나 신랄하게 지적하고 있는 그 책에 대해 나는 어느 하나 부정할 만한 게 없었다. 그래서 더 마음이 아팠다.

그런 와중에 어느 주일날 아주 독특한 경험을 했다. 한 여성이 나를 찾아왔는데, 특이한 것은 스스로를 소개하기를 자신은 교회 다니는 사람이 아니라는 것이다. 그 전 주에도 나를 만나러 찾아왔는데 만나지 못해서 또 왔다고 했다. 교회에 안 다니는 분이 무엇 때문에 나를 만나고 싶어서 계속 찾아왔는지 의아했다. 그런데 그 분이 내게 대뜸 이렇게 말했다.

"교회가 이러면 안 됩니다."

흔히들 말하는 교회가 이렇게 부도덕하고 타락해선 안 된다는 지적이 아니었다.

"교회가 신앙공동체로서 이러면 안 되지요. 또 교회에 오면서 성경책도 안 들고 오는 사람들이 많던데 어떻게 된 일입니까? 예수 믿는 사람들이 신앙생활을 이렇게 해서 되겠습니까?"

교회도 다니지 않는 분이 목사를 찾아와서 대뜸 이런 말을 하니 순간 당황스러웠다. 솔직히 예수 안 믿는 사람들에게서 "예수 믿는 사람들이 왜 이렇게 부도덕하고 행실이 온전치 않느냐?"는 지적은 여러 번 받아왔지만 "예수 믿는 사람이 신앙생활을 이렇게 해서 되겠느냐?"는 지적을 듣는 것은 생소한 일이었다.

그 분과의 만남 이후로 문득 이런 생각이 들었다. 우리가 침묵하면 돌들로 소리 지르게 하겠다고 말씀하신 것처럼 예수 안 믿는 그 분을 통해서까지 우리의 참담한 현실을 지적하시는 게 아닌가 하는 생각이다.

영적 빵집에 빵이 떨어졌다!

토미 테니의 신랄한 지적의 글을 읽고 나서 교회가 이렇게 신앙생활하면 되겠느냐는 지적을 받자 '빵 없는 빵집'이란 메시지는 내게 더 강력하게 다가왔다.

지금 우리와 교회의 모습은 어떤가? 우리 교회에 빵이 있다고 허위 광고를 떠벌렸지만 실제로 빵 없는 교회는 아닌지, 빵 만드는 법과 빵 굽는 오븐과 기타 모든 재료는 다 갖추고 있지만 정작 빵은 없는 교회가 아닌지 돌아봐야 한다.

교회뿐만이 아니다. 우리 가정은 영적 빵으로 충만한가? 집 대문에는 성도의 집이라는 것을 알리는 '교패'가 달려 있지만, 그 안에 빵이 없는 것은 아닌가? 자녀들이 그 가정 안에서 복음의 빵은 도무지 구경도 할 수 없는, 빵 떨어진 빵집이 되어버린 것은 아닌지 살펴봐야 한다.

요즘 교회에서 청소년을 담당하는 교역자들과 메일을 주고받으며 개탄하는 것이 바로 이 문제이다. 아이가 고등부에서 은혜를 받고 가슴 벅찬 감격을 누리고 있으면, 예수 믿는 그 부모님이 찾아와서 이렇게 말한다고 한다.

"우리 애 좀 말려주세요. 얘가 대학에 가야 하는데, 너무 교회에 빠지지 않도록 목사님이 말 좀 잘해주세요."

이것이 우리의 현실이다. 빵 없는 빵집이다. '베들레헴'이라는 이름은 있지만, 정작 그곳에는 흉년이 들어 먹을 것이 없다. 그래서 모압 땅을 향해 나아가고 있는 것이 오늘 우리의 교회와 가정의 모습이다. 누구를 비판하고 지적하기 전에 우리 모두가 이 문제에 대해 아파해야 한다.

빵이 없어서 떠난 성도들

'가나안 성도'라는 말을 들어본 적이 있는가? 그냥 들으면 별로 심각한 단어라는 생각이 안 들지만, 그 말을 거꾸로 읽으면 숨은 뜻을 알 수 있다. '가나안 성도'를 거꾸로 하면 '안 나가 성도'이다. 즉, '가나안 성도'란 이스라엘 백성들이 가나안 땅을 찾아 다니듯 크리스천으로서의 정체성은 있지만 교회에 출석하지 않으면서 늘 새로운 교회를 찾아다니는 사람들을 말한다. 그들은 "나는 예수 믿어요. 하지만 교회는 안 나가요"라고 말한다.

이들은 대부분 어린 시절에 교회에 다녔고 순탄한 중고등부 시절을 보냈다는 특징을 보인다. 그러다 직장생활을 하고 결혼을 하면서 점점 신앙에 소홀해진 것이다. 그렇게 믿음이 약해진 상황에서 그저 권위 의식만 있고 복음의 능력은 없는, 소위 '빵 없는 빵집' 같은 교회에 실망하고 낙심하다가 슬금슬금 교회를 떠나버린 경우이다. 그 수가 상상을 초월할 만큼 많으며 계속 급증하고 있다고 한다.

언젠가 '가나안 성도'와 관련된 기사를 읽었는데, 용어 자체도 마음 아팠지만 더 마음 아픈 것은 그에 대한 분석이었다. 실천신학대학원대 조성돈(목회사회학) 교수는 '가나안 성도'에 대해 이렇게 분석했다.

"가나안 성도는 성장하고 있는 세대들의 변화를 교회가 받아주지 못한 결과물이다. 가나안 성도는 채워지지 않는 신앙의 갈급함, 교회라는 이름과 예배의 형식, 기도의 나눔 등 때문에 고민하고 아파하는 믿음의 형제자매들이다. 이들이 영적 방황을 조금은 덜 고통스럽게 끝낼 수 있도록, 또한 그 순례의 끝에서 교회를 다시금 돌아볼 수 있도록 마음의 지지를 보내야 한다."

참 마음이 아프면서도 한편으로 위로가 되는 것은, 가나안 성도들은 언제든 다시 교회로 되돌아올 준비가 되어 있는 '잠재적 출석 교인'이란 것이다. 그러면 어떻게 하면 되는가? 빵집에 빵만 생기면 된다. 빵집에 빵이 없어서 떠났기에 빵집에 빵만 다시 장만되면 언제라도 다시 돌아올 준비가 되어 있는 사람들이 '가나안 성도'이다.

영적인 빵집인 교회가 빈 오븐만 즐비하게 늘어서 있는 곳이 아니라 풍성한 영적 빵으로 넘쳐나는 교회가 되기를 바란다. 한국의 모든 교회가 '베들레헴'이라는 이름에 걸맞은 영적 풍성함이 차고 넘치는 곳이 되기를 간절히 바란다.

주님의 풍성하심을 맛보라

이런 맥락에서 주님이 하신 말씀이 마음에 깊이 와 닿았다.

> 도둑이 오는 것은 도둑질하고 죽이고 멸망시키려는 것뿐이요 내가 온 것은 양으로 생명을 얻게 하고 더 풍성히 얻게 하려는 것이라 요 10:10

우리는 빵집에 빵이 없는 상태를 내버려둔 채 그저 습관적으로 교회에 왔다 갔다 해서는 안 된다. 의미 없이 왔다가 의미 없이 돌아가고, 그러면서 "나는 오늘 교회 다녀왔다"는 자기만족에 안주하는 것은 신앙생활이라고 할 수 없다. 우리는 우리로 생명을 얻되 더욱 풍성히 얻게 하시려는 주님의 그 풍성하심을 맛보고 누리고 기뻐하는 진정한 신앙생활을 영위해야 한다.

영적인 베들레헴인 우리의 심령은 지금 어떤 상태인가? 영적 빵이 풍성하게 공급되고 있는가. 아니면 '빵집'이란 이름만 걸어놓고 폐점 휴업 상태인 것은 아닌가? 크리스천이란 이름은 걸고 다니지만 세상 사람과 전혀 다를 바 없이 영적 궁핍함에 시달리고 있는 것은 아닌가.

또 우리 가정은 어떤 상태인가? 목회자의 가정이고, 장로 가정이며, 3대째 믿는 가정으로 대문에는 분명히 교회 명패가 달려 있지만 실상은 빵 없는 빵집 상태인 것은 아닌가? 자라나는 우리 자녀들이 넘치도록 생명의 떡을 공급해주시는 주님의 풍성한 은혜를 가정 안에서 받아 누리고 있는가?

우리 교회는 어떤 상태인가? 주일날 자리가 부족할 정도로 성도는 넘쳐나지만 과연 생명의 떡 되시는 예수 그리스도께서 자리 잡고 계시는가?

우리 모두 우리 안에, 우리의 가정 안에, 우리의 교회 안에 영적 빵이 충만하게 공급되고 있는지 면밀히 돌아보아야 한다. 이런 것들을 점검하는 차원에서 함께 회개하며 기도해야 할 세 가지를 나누고자 한다.

배고픔도 모르는 영적 무감각

첫째로 우리는 영적 무감각에 대해 회개해야 한다. 오늘날 우리의 심령과 가정과 교회는 빵 없는 빵집과 같은 빈곤한 상태임에도 전혀 영적 불편함을 느끼지 못하는 영적 무감각에 시달리고 있다. 우리는 이렇게 무뎌진 우리의 영적 상태에 대해 회개해야 한다.

빵이 떨어져서 못 먹게 되면 허기를 느껴야 할 것 아닌가? 그런데 우리는 빵을 공급받지 못하면서도 배고픈 것조차 모르고 있다. 이런 영적 무감각에 대해 회개하고 영적인 민감함을 되찾아야 한다.

가끔씩 우리 교회 젊은 교역자들에게 강조하는 것이 "민감해야 할 때 민감하고, 둔감해야 할 때 둔감하라"는 것이다. 나는 이 말을 구호처럼 늘 마음에 새긴다.

"민감할 때 민감하고, 둔감할 때 둔감하기!"

이것은 먼저 목회하고 있는 나 자신에게 외치는 구호이다. 그런데 우리는 둔감해야 할 때 민감하고, 민감해야 할 때 둔감하다.

우리가 둔감해져야 하는 것은 무엇인가? 목회자들의 경우에는 "초빙강사가 나보다 설교를 잘하면 어떻게 하지? 우리 성도들이 나보다 초빙강사에게 더 많은 박수를 보내면 어떻게 하나?"와 같은 것들이다.

"다른 사람이 나보다 더 유능하면 어떻게 하나? 저 사람이 나보다 더 많이 칭찬 받으면 어떻게 하지? 다른 사람이 타는 차가 내 차보다 더 좋으면 어떻게 하나?"

이런 것에는 둔감해야 한다. 또 상처도 둔감해야 할 문제이다. 웬 상처를 그리 잘 받는가? 이유는 딱 하나이다. 둔감해야 할 때 민감하기 때문이다. 사람이 말실수도 할 수 있는 것인데, 둔감한 사람은 그 사람이 실수했는지조차 모른다. 그런데 얼마나 예민하게 촉각이 발달되어 있는지, 아주 사소한 말실수에도 '지금 날 무시하려고 이런 말을 하는 건가?'라고 생각한다. 그러면서 말씀은 묵상하지 않고 그 말만 깊이 묵상하며 분석하고 따진다. 이것이 다 둔감해야 할 때 민감하기 때문에 벌어지는 현상이다.

그러면 우리가 민감해야 하는 것은 어떤 것들인가? 하나님 말씀에 민감해야 한다. 목회자라면 성도들의 필요에 민감해야 한다. 성도가 심방을 요청하면 민감하게 성도의 필요를 살펴야 하는데, 목회자들조차도 너무 둔감해져 있다. 소그룹 리더라면 그룹 구성원들의 마음과 요청에 민감해야 한다.

우리는 민감해야 하는 것에는 둔하고 둔감해도 괜찮은 것에는 너무 예민해서 만날 상처받고 괴로워하며 불면증에 시달린다. 이런 상태가 '빵 없는 빵집'의 특징이다. 이것을 회개해야 한다.

"하나님, 제 영적 무감각을 불쌍히 여겨주옵소서. 무뎌진 영적 감각이 예민하게 살아나게 하옵소서!"

하나님 앞에 철저히 회개하고 기도해야 한다. 그래서 우리의 빈곤한 영적 상태를 깨닫고 영적 빵으로 채워야 한다.

하나님의 통치권을 거절하는 악한 태도

둘째로 우리는 하나님의 통치권을 인정하지 않는 우리의 태도를 회개해야 한다. 흉년을 만난 엘리멜렉이 왜 자기 자리를 지키지 못하고 모압으로 가버렸는가? 그리고 그 과정에서 신앙인이었던 그는 왜 하나님의 뜻을 구하거나 그분의 율법을 살펴보지 않았는가?

엘리멜렉의 경솔한 태도와 모습은 사사 시대, 왕이 없어 제 소견에 옳은 대로 행하던 시대의 축소판을 보는 것 같다. 그런데 아이러니하게도 '엘리멜렉'이란 이름은 '나의 하나님은 왕이시다'라는 뜻이다. 이름은 '하나님이 왕'이라는 신앙고백을 담고 있으면서도 그의 실제 삶은 하나님을 왕으로 인정해드리고 있지 않다. 그것은 바로 오늘 우리의 모습이기도 하다.

이름은 크리스천이다. 이름은 목회자이고 장로이고 집사이다. 집집마다 아이들에게 '은혜, 한나, 요셉' 등 신앙을 담은 이름을 지어서 불러주면서도 부모들이 자녀 앞에서 보여주는 실제적인 삶은 하나님의 통치 받기를 거부하는 모습이다. 그런 우리가 엘리멜렉에게 어리석다고 탓할 수나 있을까? 우리는 과연 하나님의 영향력 아래 놓여 있는가, 아니면 세상의 영향력 아래 놓여 있는 것은 아닌가? 하나님 앞에서 돌아보며 점검해야 한다.

얼마 전 흥사단 투명사회운동본부에서 '우리나라 청소년들의 정직 지수'에 대한 설문조사를 했다. 조사에 따르면 "10억 원이 생긴다면 잘못을 하고 1년 정도 감옥에 들어가도 괜찮다”는 항목에 초등학생의 16퍼센트, 중학생의 33퍼센트, 고등학생의 47퍼센트가 “괜찮다”고 응답했다. 또 “시험 성적을 부모님께 속인다”는 항목에 대해서는 초등학생은 6퍼센트, 중학생은 17퍼센트, 고등학생은 27퍼센트가 “그래도 된다”고 대답했다.

나이가 올라갈수록 숫자가 높다. 무엇을 의미하는가? 갈수록 악한 세상 가치관의 영향을 더 많이 받는다는 뜻이다. 청소년 사역을 하는 교역자는 이런 결과를 놓고, 교회 다니는 아이라고 해서 예외가 아니라는 사실에 개탄했다.

오늘 우리가 부모로서 회개해야 하는 것이 무엇인가? 크리스천이고 목사이고 장로이고 권사이고 집사인데, 아이들에게 하나님의 통치권이 얼마나 준엄하고 중요한 것인지 가르치지 않았다는 것이다. 교회는 왔다 갔다 하는데 교회의 영향력을 받는 것이 아니라 이 세상의 악한 가치관의 영향을 받고 있다는 것이다. 우리 자신이 하나님의 통치 아래 거하고 있지 않기 때문이다. 이것을 회개해야 한다. 그래서 하나님의 영향력 아래 놓여야 한다.

내 안에 말씀이 없다!

마지막 세 번째로 우리 안에 하나님의 말씀이 없는 것을 회개해야 한다. 앞에서 언급한 영적 무딤 현상이나 하나님의 통치권을 인정하지 않는 태도의 궁극적인 원인도 다 여기에 있다. 우리 안에 말씀이 없기 때문에 영적 민감함이 죽어버린 것이고, 하나님의 통치 아래 머물 수 없는 것이다. 필립 얀시(Philip Yancey)의 《아, 내 안에 하나님이 없다》라는 책이 있다. 나는 가끔 그 책 제목을 보면서 이렇게 탄식한다.

"아, 내 안에 하나님이 없다! 아, 내 안에 하나님 말씀의 능력이 없다! 우리 삶에 하나님 말씀의 영향력이 없다!"

우리는 이것을 탄식해야 한다. 아모스서에 이런 탄식이 나온다.

주 여호와의 말씀이니라 보라 날이 이를지라 내가 기근을 땅에 보내리니 양식이 없어 주림이 아니며 물이 없어 갈함이 아니요 여호와의 말씀을 듣지 못한 기갈이라 암 8:11

우리 안에 끊어진 말씀의 샘물이 회복되어야 한다. 언제부터인가 게을리했던 말씀 묵상이 회복되는 은혜가 있길 바란다. 교회 소그룹 모임 때 잡담이나 소소한 대화를 나누는 대신 그 안에 '말씀'이라는 핵심적인 요소가 회복되기를 바란다. 말씀이 내 중심에 서기를 바란다. 말씀이 나와 너의 사이를 견인하는 관계가 되기를 바란다. "아, 내 안에 하나님이 없다! 아, 내 안에 말씀이 없다!"라는 탄식이 회복되는 은혜가 있기를, 그래서 말씀의 능력이 임하게 되기를 간절히 바란다.

말씀을 붙잡은 인생의 힘

얼마 전 우리 교회 중등부를 맡고 있는 교역자에게 감동적인 이야기를 들었다. 지난여름 분당우리교회 중등부 수련회 때 고등학교 2학년인 선배가 간증을 했다고 한다.

간증을 한 친구는 무용을 전공하는 고등학교 2학년 여학생이었는데, 갑자기 뇌종양 판정을 받는 청천벽력 같은 일을 겪었다. 아직 어린 나이에 그런 암담한 인생의 흉년을 만났으니 얼마나 절망적이었겠는가. 그런데 그런 상황에서 참 감사하게도 그 아이에게 막대한 영향력을 끼칠 수 있는 두 사람, 아이의 어머니와 무용 선생님이 끊임없이 말씀으로 권면하고 선포하면서 붙잡아주었다고 한다. 그랬더니 그 아이가 이사야서 43장 1절 말씀을 붙잡기 시작했다.

야곱아 너를 창조하신 여호와께서 지금 말씀하시느니라 이스라엘아 너를 지으신 이가 말씀하시느니라 너는 두려워하지 말라 내가 너를 구속하였고 내가 너를 지명하여 불렀나니 너는 내 것이라

놀랍게도 그 어린 여고생이 항암 투쟁을 하는 가운데 이 말씀을 붙잡고 확신 가운데 나아갔다는 것이다. 비록 투병 중이긴 했지만 이 귀한 말씀을 붙잡고 있는데 어떻게 절망에 빠지고 낙심할 수 있겠는가? 그런 아이에게 하나님이 기적을 베풀어주셨다. 항암 치료를 마치고

완치 판정을 받은 것이다.

그날 그 아이가 후배들 앞에서 "말씀이 그 어려운 고비를 이기게 만들었다"는 간증을 전하면서 자신이 직접 창작한 무용을 선보였는데, 자신이 병을 만나 투병하는 과정에서 하나님이 주신 은혜를 담은 무용이었다고 한다. 얼마나 감동적인가? 고등학교 2학년 선배의 간증에 중등부 아이들 모두가 말씀의 능력을 똑똑히 경험할 수 있었다.

자녀들을 일류 대학에 보내고 외국 명문대로 유학 보내는 것이 중요한 게 아니다. 이렇게 하나님 앞에서 독립적으로 살아가는 아이로 자라게 하는 것이 중요하다. 나는 그 이야기를 듣고 그 아이와 부모가 정말 부러웠다. 자녀를 그렇게 훌륭하게 신앙으로 교육시킨 것이 정말 부러웠다.

빵 없는 빵집의 수치

"신은 죽었다."

니체가 이렇게 선포했다. 그러자 유럽의 교회, 특히 독일의 교회들이 항의하고 항변하며 들고 일어났다. 그러자 니체는 한 술 더 떠서 이런 말을 했다고 한다.

"신은 죽었다. 내가 신이 죽었다는 것을 증명하겠다."

그러면서 니체가 증거물로 무엇을 제시했는지 아는가? 다른 것이 아니라 바로 '교회'였다.

"무기력한 교회를 봐라. 저 무기력한 교회가 신이 죽었다는 것을 증명하는 증거이다."

나는 단기선교팀의 아프가니스탄 피랍 사건이 일어났던 그해 여름을 잊을 수가 없다. 아마 평생 잊기 어려울 것이다. 그때 세상 사람들은 신이 죽었다고 조롱했다. 그 증거로 교회를 내세웠다. 적과 아군을 구분 못하고 우리끼리 싸우기 일쑤인 한국 교회의 현실이, 언제 빵이 떨어졌는지도 모른 채 빵집 간판만 걸어두고는 하나님 앞에 눈물로 구하지 않는 한국 교회의 모습이 신이 죽었다는 증거 자료라는 것이다. 나는 목사로서 그 수치를 절대 잊을 수 없다. 그때 나는 탄식하며 분당우리교회 성도들 앞에서 이렇게 선포했다.

"우리 교회가 신이 죽었다는 것을 증명하는 비참한 자료로 쓰이는 교회가 아니라 '정말 하나님은 살아 계시다. 오늘도 하나님은 일하고 계신다. 하나님은 역사하신다'라는 것을 증명하는 교회로 일어나야 하겠습니다. 그런 교회로 만들어가겠습니다!"

'빵 없는 빵집'에 대해 묵상하는데 그날의 선포가 떠올랐다. '그 이후로 나는 그 약속을 잘 지키고 있는가? 우리 교회는 그 약속을 잘 지키고 있는가?'

하나님의 교회인 우리가 세상을 향해, 니체를 향해 영적 자존심을 가지고 선포해야 한다. 하나님이 살아 계시며 지금도 역사하고 계신 것을 선포해야 한다. 그러기 위해서는 타락하고 변질되어서 빵 없는 빵집 신세가 된 교회의 현실 앞에서 비장한 마음으로 기도해야 한다.

"하나님, 우리 교회가 하나님이 살아 계신 것을 증거하는 자료가 되기 원합니다. 나의 가정이 하나님을 증거하는 가정 되게 하여주옵소서. 나의 심령이 하나님의 살아 계심을 나타낼 수 있게 하여주옵소서. 내 심령에 풍성한 영적 빵을 공급하여주옵소서. 하나님이 주시는 신령한 빵, 생명의 떡이신 예수 그리스도로 말미암아 오늘도 하나님이 살아 역사하고 계심을 나타내는 증거 자료로서 살게 하여주옵소서."

예수 믿는 사람들의 자존심을 세우자. 영적 자존심을 가지고 하나님이 살아 계심을 증거하는 놀라운 은혜가 우리의 심령과 가정과 교회 안에 풍성히 임하기를 간절히 바란다.

6 그 여인이 모압 지방에서 여호와께서 자기 백성을 돌보시사 그들에게 양식을 주셨다 함을 듣고 이에 두 며느리와 함께 일어나 모압 지방에서 돌아오려 하여 7 있던 곳에서 나오고 두 며느리도 그와 함께하여 유다 땅으로 돌아오려고 길을 가다가 8 나오미가 두 며느리에게 이르되 너희는 각기 너희 어머니의 집으로 돌아가라 너희가 죽은 자들과 나를 선대한 것같이 여호와께서 너희를 선대하시기를 원하며 9 여호와께서 너희에게 허락하사 각기 남편의 집에서 위로를 받게 하시기를 원하노라 하고 그들에게 입 맞추매 그들이 소리를 높여 울며 10 나오미에게 이르되 아니니이다 우리는 어머니와 함께 어머니의 백성에게로 돌아가겠나이다 하는지라

돌아설 때
회복이 시작된다

chapter 3

회복의 첫 출발

엘리멜렉은 자신이 기거하던 베들레헴에 흉년이 닥치자 그 문제를 가지고 하나님 앞에 나아가 씨름하지 않고 모압으로 도망감으로써 현실을 도피했고 하나님 백성으로서의 궤도를 이탈했다. 그것이 그의 치명적인 실수였다. 그 실수로 자기 자신은 물론이고 자녀들과 가문까지 참담한 절망의 구렁텅이로 빠지는 비극이 시작되었다. 룻기 1장 5절은 그 비참함을 함축적으로 설명한다.

> 말론과 기룐 두 사람이 다 죽고 그 여인은 두 아들과 남편의 뒤에 남았더라 룻 1:5

여기 보면 엘리멜렉의 실수와 실패로 말미암아 남편과 아들을 다 잃고 비참한 자리에 빠진 그의 아내 나오미가 등장한다. 그런데 그녀는 절망의 자리에 그대로 앉아 있지 않고 자신의 인생을 회복하는 자리로 나아가는 모습을 보여주고 있다. 그 출발이 6절이다.

> 그 여인이 모압 지방에서 여호와께서 자기 백성을 돌보시사 그들에게 양식을 주셨다 함을 듣고 이에 두 며느리와 함께 일어나 모압 지방에서 돌아오려 하여 룻 1:6

이 말씀을 시작으로 이제 회복의 긴 여정이 시작된다. 그 회복에는 두 여인의 결단이 기초가 되고 있다. 방금 언급한 나오미의 결단과 그녀의 며느리인 룻의 결단이다. 룻기 1장에는 두 여인의 결단의 내용이 기록되어 있다. 이들이 어떤 결단을 했기에 참담한 절망의 자리에서 회복의 자리로 나아갈 수 있었을까? 먼저 나오미의 결단을 살펴보자.

영적 민감함을 회복하라

나오미는 모압 지방을 떠나 고향인 베들레헴으로 돌아가겠다고 결단했다. 그 결단 속에는 세 가지 영적 요소가 담겨 있다.

첫째로 나오미의 결단 속에는 영적 민감함의 회복이 담겨 있다. 6절 말씀을 다시 보자.

> 그 여인이 모압 지방에서 여호와께서 자기 백성을 돌보시사 그들에게 양
> 식을 주셨다 함을 듣고 이에 두 며느리와 함께 일어나 모압 지방에서 돌
> 아오려 하여 룻 1:6

여기서 나오미의 결단 과정이 원인과 결과로 설명되고 있다. 원인
은 무엇인가? '듣고'이다. 나오미가 들었다. 결과는 무엇인가? '돌아
오려 하여'이다. 나오미가 '들었던' 그 메시지 때문에 '돌아오려' 결단
하게 되었다는 것이다.

나오미가 무엇을 들었는가? 이스라엘의 회복의 소식이다. 그 땅이
계속 흉년으로 고통하고 있는 것이 아니라 회복이 일어났다는 것이
다. 그런데 여기에는 독특한 점이 있다. 보통 성경의 인물들이 하나님
의 메시지를 듣고서 치유와 회복을 경험하고 결단하게 되는 과정을
보면, 대부분의 경우 하나님이 친히 임재하셔서 직접적인 메시지를
들려주시는 것을 경험한다. 그러나 나오미의 경우는 그렇지 않다. 그
녀는 하나님의 직접적인 메시지를 들은 것이 아니라 소문을 들었을
뿐이다. 이것이 차이점이다.

중요한 것은 나오미가 고향 베들레헴의 회복에 관한 소식을 들었는
데, 그 소식을 어떻게 해석하고 있는가 하는 것이다. 그녀는 이 소식을

여호와께서 자기 백성을 돌보신 사건으로 해석했다. 그 소식을 전해준 사람이 이렇게 해석하여 전해주었는지 아니면 들려진 소식을 나오미가 잘 해석한 것인지는 모르겠다. 어쨌든 나오미가 베들레헴의 회복을 하나님이 자기 백성을 돌보신 사건으로, 영적으로 해석하고 있다는 것이 중요하다. 나오미의 영적 민감함이 회복되었음을 보여주는 대목이다.

들리는 것보다 더 중요한 것

내가 자주 강조하는 말이 있다.

"인생은 해석이다."

우리에게 하나님의 말씀이 들려지는 것도 중요하지만 더 중요한 것은 들려진 그 말씀을 어떻게 해석하는가이다. 베들레헴에 흉년이 그치고 회복되었다는 소식을 인간적으로 듣지 않고 하나님이 자기 백성을 돌보신 사건으로 해석할 수 있는 힘, 그 해석의 힘이 나오미를 변화시킨 첫 번째 원동력이다.

이 부분에서 실패한 대표적인 인물은 삼손이다.

들릴라가 이르되 삼손이여 블레셋 사람이 당신에게 들이닥쳤느니라 하니 삼손이 잠을 깨며 이르기를 내가 전과 같이 나가서 몸을 떨치리라 하였으나 여호와께서 이미 자기를 떠나신 줄을 깨닫지 못하였더라 삿 16:20

삼손은 이미 하나님이 떠나셨는데도 그것을 자각하지 못했다. 그것이 그의 영적 둔감함을 단적으로 나타낸다. 그리고 이전에 하나님이 주신 놀라운 복을 복으로 여기며 관리하지 못했다. 그 둔감함 때문에 망한 것이다.

오늘날 우리 주변에도 이런 어리석음을 범하는 이들이 얼마나 많은가? 우리는 영적 민감함으로 늘 날을 세우고 있어야 한다. 그러기 위해서는 중요하지 않은 일, 민감하지 않아도 되는 일에는 둔감하고, 민감해야 하는 부분에서는 민감해야 한다. 외모에는 좀 둔감해도 좋다. 연예인 가십거리에는 둔감해도 좋다. 그러나 하나님의 뜻과 하나님의 말씀에 대해서는 민감해야 한다. 우리가 다 나오미가 가진 영적 민감함을 회복하게 되길 바란다.

죄에 대한 자각을 회복하라

두 번째로 나오미의 결단 속에는 죄에 대한 자각이 있었다. 나오미는 자신이 모압에서 겪은 고통을 이렇게 해석한다.

> 여호와의 손이 나를 치셨으므로 나는 너희로 말미암아 더욱 마음이 아프도다 … 내가 풍족하게 나갔더니 여호와께서 내게 비어 돌아오게 하셨느니라 룻 1:13,21

나오미는 운이 없고 남편이 잘못해서 그런 고통을 당했다고 말하지 않는다. 그녀의 고백 속에는 자신의 지난 삶을 돌아보면서 "나의 이 모든 고통의 배경에는 하나님이 금하셨던 땅으로 도망감으로써 궤도를 이탈한 죄가 있다"라는 자각이 있었다.

죄에 대한 이런 자각이 있으면 지금 내게 일어나는 현상과 아픔과 고통에 대해 "이 일들로 인해 하나님이 내게 무엇을 말씀하시고자 하는가?"를 깨닫고 그렇게 해석한다. 그러나 세상 사람들은 그런 일들에 대해 "그냥 재수 없어서 그렇게 됐다"고 얘기한다. 자신의 잘못을 자각하지 못하는 것이다.

이사야 선지자는 자신에게 하나님의 강력한 임재가 임하자 곧바로 이렇게 반응했다.

그때에 내가 말하되 화로다 나여 망하게 되었도다 나는 입술이 부정한 사람이요 나는 입술이 부정한 백성 중에 거주하면서 만군의 여호와이신 왕을 뵈었음이로다 하였더라 사 6:5

하나님의 임재가 우리 안에 임하면 즉시 나타나는 것이 죄에 대한 자각이다. 죄에 대한 자각이 있을 때 회복이 일어난다. 나오미의 회복 역시 자신의 죄에 대한 자각이 있을 때 시작되었다.

발 빠른 결단으로 나아가라

세 번째로 나오미의 결단 속에는 자각에 대한 발 빠른 결단이 내포되어 있다. 앞에서 살펴본 것처럼, 룻기 1장 6절에는 인과관계가 담겨 있는데, '듣고'에 대한 결론으로 '돌아오려 하여'라는 마음의 결단이 뒤따른 것이다. 바로 다음 절에는 이렇게 기록되어 있다.

> 있던 곳에서 나오고 두 며느리도 그와 함께하여 유다 땅으로 돌아오려고 길을 가다가 룻 1:7

6절에서 '듣고' 그 다음에 '돌아오려' 마음에 결단하였고, 7절에서는 그것을 실천에 옮겼다. 이스라엘의 회복 소식을 듣고 '더 이상 여기에 머물면 안 되는구나' 하는 마음의 동기가 일자마자 바로 실천에 옮긴 것이다.

오늘날 우리의 연약한 부분이 바로 이것이다. 깨달음은 많은데 발 빠른 실천에는 약하다. 깨닫는 것만으로는 힘이 없다. 우리 안에 내가 잘못 알고 있던 것들, 어긋나게 가고 있던 것들, 잘못 생각한 것들에 대한 영적인 자각이 민감하게 일어나길 바란다. 그리고 그 자각에 대한 발 빠른 결단이 일어나길 바란다. 그래서 나오미가 실제로 회복의 열매를 맛본 것처럼 우리 안에도 풍성한 열매들이 많이 맺히기를 바란다.

그러기 위해서는 영적 민감함의 회복, 죄에 대한 자각, 자각에 대한 발 빠른 결단, 이 세 가지를 꼭 기억해야 한다. 이것이 나오미를 회복의 은혜로 이끌었다.

헤세드의 마음을 품어라

그런가 하면 나오미와 함께 등장하는 며느리 룻의 결단은 어떤가? 룻의 결단 속에도 물론 나오미가 가졌던 세 가지 영적 요소들이 바탕에 깔려 있다. 하나님에 대한 믿음이 룻으로 하여금 모압 땅에 머물지 않고 시어머니를 따라나서게 하는 결단을 가져왔지만, 그에 더하여 한 가지가 더 있었다. 그것은 시어머니인 나오미를 향한 긍휼의 마음이다.

8절에서 시어머니 나오미는 자신의 두 며느리에 대해 고마움을 표현한다.

> 나오미가 두 며느리에게 이르되 … 너희가 죽은 자들과 나를 선대한 것
> 같이 여호와께서 너희를 선대하시기를 원하며 룻 1:8

여기서 중요한 것은 '선대'라는 단어로, 히브리 원어로는 '헤세드'이다. 즉, 며느리들이 죽은 자들과 자신을 헤세드의 사랑으로 대해주었다는 말이다.

구약에서 '헤세드'는 하나님의 속성, 하나님의 성품을 나타내는 단어이다. 인간을 향한 하나님의 긍휼의 마음, 불쌍히 여기시는 마음이 '헤세드'이다. 그런데 놀랍게도 룻에게 남편과 두 아들을 먼저 보내고 처참한 상태에 빠진 시어머니를 향한 헤세드의 마음이 있었다.

이것이 중요하다. 왜냐하면 하나님께서는 룻이 가지고 있던 헤세드의 마음, 즉 약자를 향한 긍휼의 마음을 앞에서 살펴본 세 가지 영적 요소 이상으로 중요하게 생각하시기 때문이다. 어떻게 이렇게 단정적으로 이야기할 수 있는가? 약자에 대한 헤세드의 마음은 하나님의 명령이기 때문이다. 미가서 6장을 보자.

내가 무엇을 가지고 여호와 앞에 나아가며 높으신 하나님께 경배할까 내가 번제물로 일 년 된 송아지를 가지고 그 앞에 나아갈까 여호와께서 천천의 숫양이나 만만의 강물 같은 기름을 기뻐하실까 내 허물을 위하여 내 맏아들을, 내 영혼의 죄로 말미암아 내 몸의 열매를 드릴까 미 6:6,7

"내가 무엇을 가지고 여호와 앞에 나아가며 높으신 하나님께 경배할까?"라는 문제 제기에 대해 하나님은 이런 대안을 제시하신다.

사람아 주께서 선한 것이 무엇임을 네게 보이셨나니 여호와께서 네게 구하시는 것은 오직 정의를 행하며 인자를 사랑하며 겸손하게 네 하나님과 여기서 나오는 "인자를 사랑하며"라고 할 때의 '인자'가 '헤세드'이다. 하나님이 우리에게 원하시는 것이 무엇인가? 무리하게 빚을 내서 엄청난 헌금을 하는 것은 하나님의 뜻이 아니다. 하나님이 원하시는 것은 어떤 행위가 아니다. 하나님과 더불어 정의를 행하고, 연약한 자들을 향한 헤세드의 마음으로 그들을 돌봐주며, 하나님과 함께 동행하는 마음의 상태를 원하시는 것이다.

헤세드의 마음 위에 부어주시는 축복

이런 측면에서 우리는 자신의 신앙 모습을 돌아보아야 한다. 우리에게는 과연 헤세드의 마음이 있는가? 정의를 행하고, 연약한 자들을 긍휼히 여기며, 하나님과 동행하는 마음의 내적 상태가 온전한지 돌아보아야 한다.

나오미가 남편과 두 아들을 잃고 비통함에 빠져 있을 때, 며느리 룻은 시어머니를 진실로 긍휼히 여기며 겸손함으로 섬겼다. 그 마음이 룻으로 하여금 고향 땅 모압을 떠나 베들레헴으로 가게 만든 동력이 되었다.

우리가 하나님의 명령을 받들어서 이웃에 대한 긍휼한 마음을 회복하고, 특별히 연약한 이웃을 긍휼히 여기며 섬기면 하나님의 두 가지 놀라운 복이 주어진다.

첫 번째는 영적 축복이다. 룻이 시어머니가 불쌍하고 안쓰러워서 그녀와 동행하며 헤세드의 마음을 보여주었더니, 그것이 나중에 그녀에게 엄청난 영적 축복의 통로가 되었다. 시어머니를 향한 애틋한 긍휼의 마음을 가지고 출발한 베들레헴에서의 생활이 훗날 그녀의 계보를 통해 다윗이 태어나고 궁극적으로는 예수 그리스도께서 이 땅에 오시는 놀라운 영광을 누리게 하지 않았는가. 그 출발이 바로 연약한 이웃을 향한 긍휼의 마음, 헤세드의 마음이었다.

두 번째는 육적 축복이다. 룻이 베들레헴에 정착하고 보아스를 만나게 되는데, 생명의 은인과 같은 보아스는 룻에게 맹목에 가깝도록 호의를 베푼다. 그래서 룻이 "왜 저에게 이렇게까지 호의를 베푸십니까?"라고 보아스에게 묻는다.

룻이 엎드려 얼굴을 땅에 대고 절하며 그에게 이르되 나는 이방 여인이거늘 당신이 어찌하여 내게 은혜를 베푸시며 나를 돌보시나이까 하니 룻 2:10

그러자 보아스가 뭐라고 대답하는가?

보아스가 그에게 대답하여 이르되 네 남편이 죽은 후로 네가 시어머니에게 행한 모든 것과 네 부모와 고국을 떠나 전에 알지 못하던 백성에게로 온 일이 내게 분명히 알려졌느니라 룻 2:11

얼마나 감동적인가? 남편과 자식을 잃고 비통에 빠진 시어머니를 향해 헤세드의 마음을 가지고 섬겼더니 하나님께서 몇 백 갑절, 아니 몇 천 갑절로 갚아주셨다. 축복 받는 비결이 바로 여기에 있다. 연약한 이웃을 향해 긍휼의 마음을 품는 것, 그것이 열쇠이다.

헤세드가 해결 고리이다

동서고금을 막론하고 시어머니와 며느리 간의 갈등은 집집마다 큰 문제이다. 특히나 한국의 고부 갈등은 유명하다. 며느리들은 모였다 하면 시어머니 흉보기 바쁘다. 시어머니들은 나름대로 늘 며느리에게 서운하다.

집집마다 몸살을 앓고 있는 고부 갈등은 헤세드가 없어서 생긴다. 시어머니에 대한 긍휼의 마음이 있어야 한다. 모양새는 시어머니가 어른이고 칼자루를 쥔 것 같지만 실제로는 시어머니가 약자이다. 백발이 성성해가고 연로해지시는 시어머니에 대한 긍휼의 마음이 없이는 고부 갈등이 안 풀린다. 그 인생에 대해 불쌍히 여기는 마음이 있어야 한다.

또 시어머니에게는 며느리를 향한 헤세드가 있어야 한다. 시집와서 난생 처음으로 가정을 꾸리고 모든 것에 우왕좌왕 하는 모습이 얼마나 불쌍한가. 요즘엔 장모와 사위 간의 갈등도 큰 문제라고 하는데, 고부 갈등과 장서 갈등을 겪는 가정마다 하나님의 헤세드의 마음이 부어지기를 바란다. 그래서 미웠던 시어머니와 미웠던 며느리를 향한 마음에 헤세드가 개입되어 긍휼이 넘침으로 서로를 선대하며 호의를 베푸는 은혜가 임하게 되기를 바란다. 그러면 그 복이 우리에게로 온다.

학교 건물로 돌려주신 되갚아주시는 은혜

내가 개인적으로 누렸던 복에 대해 나누고 싶다. 나는 10년 동안 청소년 사역을 했다. 처음에는 정말 힘들었다. 한 집에 사춘기 아이 한 명만 있어도 온 집안이 뒤집어지는데, 그런 아이들이 천 명 넘게 바글거리니 얼마나 힘들었겠는가?

그렇게 몇 년 하다 보니 "이걸 어떻게 계속 하나?" 하는 생각이 들면서 도저히 못 하겠다는 마음이 들었다. 나를 돕던 후배 교육전도사들은 신학교를 졸업하고 본격적으로 어른 목회의 꿈을 펼쳐가고 있는데, 나는 만날 중고등부 애들만 봐야 하니 자꾸 떠나고 싶다는 생각만 들었다. 그때 도저히 이래서는 안 되겠다는 생각에 하나님 앞에 결단하고 서원처럼 드린 기도가 있다.

"하나님, 제가 목사가 되기 위해 미국에서 한국에 돌아올 때는 목회에 대한 나름대로의 계획이 있었습니다. 그러나 이제 다 반납하겠습니다. 다 내려놓겠습니다. 지금 이 시간 이후로 저의 모든 개인 일정도 다 반납하겠습니다. 그리고 저 혼미한 사춘기 아이들을 위해 제 인생을 걸겠습니다. 하나님이 특별한 명령을 주시지 않는다면 청소년 사역하다가 제 인생 끝내겠습니다."

그렇게 하나님께 약속드리고 나름대로 그 약속을 지키기 위해 무진 애를 썼다. 그때 사랑의교회에서 사역했는데, 어른 사역하는 교역자들 사무실이 있는 본당 근처는 일부러 쳐다보지 않으려고 의식적으로 애를 썼다. 자꾸 보면 나도 어른 목회를 하고 싶다는 유혹이 들 것 같았기 때문이다.

그렇게 10년 간 사랑의교회에서 청소년 사역하다 교회를 개척하러 나올 때는 정말 당황스러웠다. 그래도 내가 이 교회에 10년이나 있었는데, 아주 기본적인 것 외에는 교회 시스템 자체를 잘 몰랐던 것이다. 그래서 친구인 동료 목사에게 교회 시스템에 대한 과외를 받았을 정도였다. 얼마나 웃기는 일인가? 10년이나 자기가 몸담았던 교회를 몰라서 친구 목사에게 따로 과외를 받아야 한다니….

그럴 정도로 나는 중고등부 사역에 몰두했다. 옥한흠 목사님이 주장하시던 '광인론'처럼 청소년 사역에 미쳐 있었다. 그러다 어른 목회라고는 해본 적도 없는 내가 교회를 개척하게 되었다. 모든 것이 서툰 가운데 시작한 분당우리교회에 하나님의 되갚아주시는 은혜가 부어졌다. 그 혜택을 지금 나와 성도들이 누리고 있다.

사실 교회 개척 첫출발부터 하나님은 기적같이 한 중고등학교의 강당을 빌려서 교회를 개척할 수 있도록 인도해주셨다. 사실 그 당시 이미 다른 교회가 그 학교에 들어오기로 내정되어 있었다고 한다. 인간적인 조건으로 보면 우리 교회가 그 학교에 들어갈 수 있는 확률은 '0'에 가까웠다. 그런데 나와 일면식도 없던 학교 이사장님은 분당우리교회가 그곳에 들어갈 수 있게 해주었다. 어떻게 이런 일이 일어났는가? 나는 헤세드의 하나님께서 되갚아주신 은혜라고 믿는다. 내가 중고등부 아이들에게 10년간 마음을 쏟았더니 하나님은 중고등학교 건물로 되갚아주신 것이다.

남의 집 자식들에게 마음 썼더니!

그리고 또 한 가지 마음에 늘 감동하는 하나님의 되갚아주시는 은혜가 있다. 우리 아이들에 대한 은혜이다. 청소년 사역에 대한 사명감으로 그 일에 미친듯 몰두하여 남의 자식들에게 마음을 쏟으며 섬겼다. 그러다 보니 상대적으로 가정과 자녀들을 돌보는 일에는 소홀해질 수밖에 없었다. 그래서 본의 아니게 아내와 아이들에게 상처를 많이 주었다.

파김치가 되어서 밤 늦게 집에 막 들어갔는데, 그때 전화가 온다. 어떤 학부모가 다급한 목소리로, 가출했던 아이가 옷 챙기러 잠깐 들어왔는데 자신은 감당이 안 된다며 "목사님, 지금 좀 와주세요!" 한다. 그러면 벗으려던 옷을 후다닥 다시 챙겨 입고 정말 바람처럼 달려간다. 그야말로 눈썹이 휘날리도록 차를 몰아 그 아이를 만나고 돌아온다. 그것이 전혀 귀찮지가 않았다.

그런데 집에만 오면 파김치 모드이다. "힘들다, 나 좀 가만히 내버려둬라, 피곤하다" 하기 일쑤이다. 장모님에게나 미국에 계신 어머니에게 전화가 와도 다 죽어가는 목소리로 받는 게 고작이다. 그런데 당시에 내가 맡고 있던 중등부 아이에게서 전화가 오면 목소리가 확 달라진다. "목사님, 피곤하세요?" 하고 물으면 "안 피곤해. 뭐가 피곤해? 괜찮아. 괜찮아" 하며 후다닥 뛰쳐나간다. 그러니 아내와 가족들이 얼마나 상처를 받았겠는가?

그렇게 남의 자식들을 위해 10년간 수고했더니 하나님이 그 작은 수고를 잊지 않으시고 놀랍게 되갚아주시는 헤세드의 은혜를 경험했다. 정말 기적 같은 일들이 벌어지는 것을 보았다.

나는 내 가정의 세 자녀들에게는 제대로 교육하지 못하는 무능한 아버지이다. 하나님의 은혜로 교회에서 가르치던 제자들에게는 잠깐 상담하고 이야기해주는 것으로 인생이 변화되고 생각이 바뀌는 놀라운 일들이 많이 일어나지만, 똑같은 이야기를 우리 애들에게 하려고 하면 "아, 또 잔소리세요? 아빠는 잔소리가 너무 많아요" 한다. 안 통한다. 그런데 놀라운 것은 우리 아이들이 좀 방황한다 싶으면 하나님이 전혀 생각지 못한 사람, 심지어는 누군지 알지도 못하던 사람을 보내주셔서 아이들을 돌봐주시고 생각을 바꿔주신다. 그런 일들이 지금까지 계속되고 있다.

그런 것을 보면서 내가 깨달은 것이 있다. 내가 남의 자식들을 위해 조금 수고했더니 하나님이 똑같은 방식으로, 내 입술이 아닌 다른 사람의 입술을 통해 우리 아이들에게 되갚아주신다는 것이다. 그렇게 되갚아주시는 은혜를 나는 내 두 눈으로 목도하며 살아가고 있다.

우리가 연약한 누군가를 향해 하나님의 헤세드의 정신으로 섬기는 것은 손해되는 일이 아니다. 하나님은 영육 간에 부어주시는 축복으로 우리에게 되갚아주신다.

우리가 새로운 변화와 영적 부흥을 꿈꾼다면, 다시 복음으로 돌아가고자 하는 정신을 회복하고자 한다면 나오미가 가졌던 세 가지 영적 요소를 회복해야 한다. 민감함의 회복, 죄에 대한 자각의 회복, 그 자각에 대한 발 빠른 결단이 있어야 한다. 또한 룻이 보여주었던 헤세드의 정신, 연약한 이웃에 대한 긍휼의 마음을 회복해야 한다.

이 마음의 회복이 모압 땅에서 수렁에 빠져 있던 두 여인의 회복의 첫 단추가 되었던 것처럼, 이런저런 아픔과 상처와 눈물이 있는 우리에게도 회복의 첫걸음이 될 줄 믿는다.

하나님 한 분 중심으로만 결단하며 살아가는 사람에게

그분이 주시는 은혜가 있다.

나오미가 아무런 대책 없이 하나님 한 분 때문에

베들레헴으로 돌아가기로 결단했을 때,

거기에 얼마나 많은 하나님의 은혜와 축복이 있었는가?

룻이 하나님 때문에 시어머니를 보필하며 동행했을 때,

얼마나 큰 복을 주셨으며 얼마나 섬세한 하나님의 이끄심이 있었는가?

회복의 자리,

하나님이 이끄신다

PART 2

15 나오미가 또 이르되 보라 네 동서는 그의 백성과 그의 신들에게로 돌아가나니 너도 너의 동서를 따라 돌아가라 하니 16 룻이 이르되 내게 어머니를 떠나며 어머니를 따르지 말고 돌아가라 강권하지 마옵소서 어머니께서 가시는 곳에 나도 가고 어머니께서 머무시는 곳에서 나도 머물겠나이다 어머니의 백성이 나의 백성이 되고 어머니의 하나님이 나의 하나님이 되시리니 17 어머니께서 죽으시는 곳에서 나도 죽어 거기 묻힐 것이라 만일 내가 죽는 일 외에 어머니를 떠나면 여호와께서 내게 벌을 내리시고 더 내리시기를 원하나이다 하는지라 18 나오미가 룻이 자기와 함께 가기로 굳게 결심함을 보고 그에게 말하기를 그치니라

오직 하나님만을 위해
결단하라

chapter 4

하나님 때문에 내린 결정

분당우리교회는 기존 신자의 등록을 받지 않는다. 심해진 교회 간의 '수평이동'으로 성도들이 몇몇 대형교회로만 쏠리는 현상을 방치할 수 없어서이다. 그런데 이런 방침 때문에 가슴 아픈 이야기도 많이 듣는다. 예를 들어 외국 생활을 정리하고 분당으로 이사를 오서서 분당우리교회에 등록하고 신앙생활을 하려 했는데 등록을 안 받아주는 것이다. 그러자 눈물로 하소연하는 말씀이 이렇다.

"분당에 직장이 있는 것도 아니고, 연고지가 있는 것이 아닌데도 신앙생활 제대로 해보려고 교회 때문에 일부러 분당으로 이사 왔습니다. 그런데 등록을 안 받아주면 저는 어떻게 합니까?"

기존 신자이기 때문에 등록을 받아줄 수 없는 상황이 가슴 아프지만, 교회 때문에 낯선 지역으로 이사한 그 분의 열심이 귀하다는 생각을 했다. 목회자로서 감사한 것은 이분처럼 '교회 중심'의 삶을 살고자 애를 쓰는 성도들이 의외로 많다는 것이다.

분당우리교회 초창기 성도 중에 이런 분도 계셨다. 부천에 살던 분이 분당으로 이사를 와서 우리 교회에 등록을 했다. 그땐 등록에 제한이 없던 때였다. 무슨 일인지는 몰라도 다니던 교회에서 담임목사님에게 큰 상처를 받았다고 한다. 그래서 혹시 자기가 상처 받은 것 때문에 교회에 누가 될까 염려하여 사랑하던 교회에서 혼자 조용히 나오셨다.

그렇게 상심한 마음으로 새롭게 정착할 교회를 찾아 이 교회 저 교회 헤매다가 분당우리교회를 알게 되었고, 부천에서 분당까지 와서 예배를 드렸다. 그런데 하나님이 은혜를 많이 부어주셔서 눈물을 펑펑 흘리며 예배를 드렸다는 것이다. 그 분은 그날 바로 등록을 하셨다.

그 다음부터가 정말 놀랍다. 그 분은 아예 분당으로 이사를 오셨다. 당시는 경제적인 여유가 없을 때라 빚을 얻어 분당에 전셋집을 구했다는 것이다. 그렇게 연고지 하나 없는 분당으로 빚을 얻어 이사한 지 벌써 10년이 지났다. 그리고 그때부터 지금까지 주일학교 교사로 얼마나 아름답게 헌신하고 계신지 모른다. 최근에 연락해보니 하나님이 은혜를 많이 부어주셔서 정말 행복하게 신앙생활하고 있다고 한다.

이런 이야기를 들을 때마다 그 분들의 믿음이 대단하다는 생각이 든다. 단지 교회 때문에 연고지도 없고, 직장이랑 가까운 것도 아닌 지역으로 이사 올 수 있다는 것은 그 중심이 신앙생활에 맞춰져 있다는 것이기 때문이다.

오직 하나님 때문에

룻기를 묵상하면서 이런 분들이 떠오른 것은 나오미가 바로 그런 경우였기 때문이다. 나오미는 오래 머물던 모압 지방에서 떠나 베들레헴으로 옮기기로 결단하고 바로 실행에 옮겼다. 나오미가 모압을 떠나겠다고 결단하고 실제로 실행에 옮긴 그녀의 행동에는 다른 어떤 이유도 없었다. 돈 때문도 아니고, 베들레헴에서 누가 기다려서도 아니었다. 아무것도 없었다. 오직 하나, 하나님을 사랑하는 마음 때문이었다. 동기는 딱 그 하나였다. 하나님 한 분 말고는 설명할 길이 없다.

부천에 살던 사람이 아무런 연고도 없는 분당으로, 그것도 빚을 내서 이사 왔다는 이야기를 믿지 않는 사람들이 어떻게 이해하겠는가?

"저 사람, 제정신이 아냐. 무슨 교회 때문에 빚을 얻어서 이사를 가?"

이런 비아냥거림만 들을 뿐이다. 그러나 그렇게 할 수밖에 없었던 그 분의 내면에는 세상 사람은 모르는 한 존재가 계시는데, 그분이 바로 하나님이시다. 그 하나님에 의해서, 하나님 없는 사람은 도저히 이해할 수 없는 일을 행할 수 있었던 것이다. 이것이 바로 신앙생활이다.

그러면서 문득 이런 생각이 들었다.

'우리 삶에서 오직 하나님 때문에, 다른 어떤 것도 아니고 오직 하나님 때문에 결단했거나 혹은 포기해야 했던 일들이 있는가?'

우리는 계산도 빠르고, 머리도 잘 돌아가고, 손익분기점에 민감하다. 그래서 늘 그런 것들에 의지해 살아간다. 그러나 세상 사람들이 이해할 수 없는 일, 하나님 한 분 때문에 손해도 감수하고 결단하는 그런 일이 우리 삶에 가끔씩은 있어야 하지 않을까.

왜 이것이 필요한가? 이렇게 하나님 한 분 중심으로만 결단하며 살아가는 사람에게 그분이 주시는 은혜가 있기 때문이다. 나오미가 아무런 대책 없이 하나님 한 분 때문에 베들레헴으로 돌아가기로 결단했을 때, 거기에 얼마나 많은 하나님의 은혜와 축복이 있었는가? 룻이 하나님 때문에 시어머니를 보필하며 동행했을 때, 얼마나 큰 복을 주셨으며 얼마나 섬세한 하나님의 이끄심이 있었는가? 그 은혜와 복이 우리에게도 임하기를 바란다. 우리 삶에 하나님 때문에, 오직 하나님 한 분 때문에 결단하고 행하는 일들이 많아지기를 바란다.

대책 없이 시작한 한국 생활

이런 것들을 생각하며 지금까지 내가 살아온 삶을 돌아보니 마음에 큰 감동이 일었다. 나 역시 오직 하나님 한 분 때문에 아무런 대책 없이 이민 생활을 정리하고 한국으로 되돌아왔는데, 그 과정에서 주신 하나님 은혜가 떠올라서였다. 당시 가족들이 다 모여 살고 있던 시카고를 떠나 한국으로의 역이민을 선택한 것은 어찌 보면 무모한 짓이었다. 남들은 얻지 못해 안달복달하던 미국 시민권을 반납하기로 한 것도 마찬가지다.

아무런 대책도 없는 결단이었다. 내가 한국으로 되돌아가야겠다고 결단하던 때가 1990년, 서른 살 때였다. 그때 나는 서울에 아무런 연고가 없었다. 이민가기 전에는 지방에서 지냈기 때문이다. 유일하게 딱 한 명, 결혼해서 서울에서 살던 교회 친구가 있었다. 그래서 한국행 비행기 표를 예약하고는 무작정 그 친구에게 전화를 걸었다.

"내가 곧 한국으로 돌아가는데 너도 알다시피 내가 서울에 아는 사람이 아무도 없잖아. 네가 공항으로 마중을 좀 나와주면 좋겠다."

내가 이민 생활을 정리하고 한국으로 들어오는 날, 고맙게도 그 친구 부부가 마중을 나왔다. 공항에서 친구가 물었다.

"그래, 너 이제 어디로 갈 거냐?"

나는 대답했다.

"느그 집에."

굉장히 난감한 표정을 짓는 친구 얼굴을 외면한 채 나는 바리바리 싸온 짐을 안고 친구 집으로 향했다. 역이민을 왔으니 짐은 얼마나 많았겠는가? 그때 친구는 차도 없을 때였다. 그 짐을 어떻게 들고 갔는지 기억도 안 나지만 어찌어찌 해서 그 친구 집으로 갔다. 그때 내가 얼마나 철이 없고 세상 물정을 몰랐는지, 반지하 단칸방에 살고 있던 신혼부부 친구 집에서 보름 가까이를 함께 지냈다. 단칸방 가운데 친구가 눕고 이쪽에 내가, 저쪽에 그 친구의 아내가 누웠다. 지금 생각하면 얼굴이 화끈거릴 정도이다.

친구는 아침 6시가 조금 넘으면 출근을 했다. 막바지 겨울바람이 기승을 부리던 2월, 해도 뜨기 전이다. 우리나라 직장인들이 부지런하다는 것을 그 친구 때문에 새삼스레 알았다. 친구가 출근하고 나면 컴컴한 단칸방에서 친구 부인과 단 둘이 앉아 밥을 먹었다. 한번은 어찌나 그 시간이 민망하던지 트레이닝 바지를 입고 나와서는 해가 뜰 때까지 동네 골목을 헤매기도 했다.

나의 한국 생활은 그렇게 대책 없이 시작되었다. 공항에 누가 마중 나오는지, 차는 가지고 오는지, 어디서 자야 하는지, 어떻게 지내야 하는지 아무런 대책이 없었다. 정말 딱 하나님 한 분만 바라보고 한국으로 돌아와 그 후로 3년 동안 정말 비참한 생활을 했다.

하나님 때문에 감수한 청승

신학대학원에 입학하면서 기숙사에서 지내다가 여름방학이 되어 대구에 있는 나의 모교회에 갔다. 가긴 갔는데 마땅히 지낼 곳이 없었다. 그래서 교회의 4층과 5층 사이의 계단 중간에 있는 한 평 남짓 되는 공간에다 돗자리 펴놓고 여름을 보냈다. 세상에 청승도 그런 청승이 없었다. 담임목사님은 그런 나를 보며 얼마나 민망하고 난처했겠는가? 그러다 누가 밥 먹으러 오라고 부르면 좋다고 가서 아침 얻어먹고, 점심 얻어먹고, 저녁을 얻어먹었다. 그야말로 완전히 노숙자였다.

어떻게 철이 없어도 그렇게 없을 수 있었을까? 그런데 그렇게 철없고 대책 없던 내가 딱 하나 붙잡은 것이 하나님이었다. 하나님 한 분을 붙잡고 목사가 되겠다고 한국으로 돌아왔다. 그런 나를 하나님께서는 지난 23년간 정말 놀랍게 인도하셨다.

대학교를 한국에서 나오지 않은 나는 신대원에서도 낄 데가 없었다. 우리나라는 왜 그렇게 동기동창 모임이 많은지, 나는 왕따 중의 왕따일 수밖에 없었다. 그런데 하나님이 기적적인 은혜를 주셔서 존경하던 옥한흠 목사님 밑에서 사역할 수 있게 되었다. 그 과정도 기적이라는 말밖에는 할 수 없을 정도로 온전한 하나님 은혜의 과정이었다.

어느 날 신학교 기숙사 벽에 옥한흠 목사님이 담임으로 계시는 사랑의교회에서 교역자를 모집한다는 공고가 붙었다. 그 공고를 본 나는 뒤도 돌아보지 않고 바로 원서를 넣었다. 사실 그때 누가 봐도 나는 100퍼센트 떨어질 수밖에 없던 상황이었다. 신대원 1학년 중에서 모집하는데 3학년인 내가 지원했으니 말이다. 그러나 그런 상황 중에서 기적적으로 사랑의교회에 들어가게 되었고, 만 10년 동안 그 교회에서 청소년 사역을 할 수 있었다. 정말 놀라운 하나님의 이끄심이 아닐 수 없다.

이처럼 '하나님의 이끄심'이란 것은 정말 놀랍다. 나는 나오미와 룻을 향한 하나님의 이끄심을 보면서 '아, 하나님의 법칙은 똑같구나'라는 생각을 했다. 그러면서 나오미와 룻과 나 사이에서 공통점을 발견했다. 나오미와 룻은 남편과 시아버지가 일찍 돌아가셨다. 나는 아버지가 일찍 돌아가셨다. 그리고 대책 없이 고향으로 돌아갔다는 것도 공통점이다. 그리고 또 하나, 하나님의 이끄심으로 이렇게 감격적인 삶을 산다는 것도 공통점이다.

물론 이 말씀을 잘못 적용해서 날마다 무모한 일들을 벌여서 본인은 물론이고 주변 사람들까지 괴롭혀서는 안 된다. 본인이 하려는 일이 정말 믿음으로 선택한 일인지, 아니면 나의 욕심이나 허세 때문에 하려는 일은 아닌지 주님 앞에서 면밀히 분별해야 한다. 그러나 하나님 한 분 때문에 내 삶을 결정하고 결단할 때, 하나님 한 분 때문에 세상 사람들은 이해할 수 없는 삶의 방식을 결단하며 살아갈 때, 하나님은 그런 자들을 붙들어주시고 인도해주신다는 사실을 잊어서는 안 된다.

과연 하나님이 그분을 믿고 신뢰하는 자들을 어떻게 인도하시는지 맛보고 경험하며 누리는 삶을 살게 되기를 바란다. 그런 멋진 신앙생활을 꿈꾸며 도전해보기 바란다.

아름다운 삶의 모습

지금까지 살펴본 것처럼 나오미는 하나님 때문에 대책 없이 모압을 떠나 베들레헴으로 갔다. 그리고 며느리 룻도 시어머니를 따라서 아무 대책 없이 고향 땅 모압을 떠나 베들레헴으로 갔다. 나오미야 원래 신앙 있는 가정에서 자랐고 베들레헴이 고향이었지만, 룻은 그렇지 않았다. 룻은 이방 땅 모압이 고향이었다. 하나님을 모른 채 자랐을 것이다. 나오미가 하나님이라는 동력 때문에 움직였다면, 며느리 룻은 시어머니 나오미 때문에 베들레헴으로 갔다. 이것이 나오미와 룻의 차이점이다.

룻은 어떻게 이렇게 고향을 버리면서까지 전폭적으로 시어머니인 나오미를 믿고 따를 수 있었을까? 물론 거기에는 시어머니를 향한 헤세드의 마음이 담겨 있다. 그러나 그것이 전부는 아니다. 며느리에게 아무리 시어머니의 삶을 긍휼히 여기는 헤세드의 마음이 충만하다 해도 '시어머니가 불쌍하긴 하지만 난 도저히 시어머니를 따를 수 없다. 저 분과 평생을 함께할 수는 없다'라는 생각이 들면 룻처럼 시어머니를 따라나서지 못한다. 룻이 그렇게 할 수 있었던 것은 그만큼 나오미를 신뢰했다는 것이다. 룻이 어느 정도로 나오미를 신뢰하고 있었는가 하는 것은 다음 구절에 잘 나타나 있다.

룻이 이르되 내게 어머니를 떠나며 어머니를 따르지 말고 돌아가라 강권하지 마옵소서 어머니께서 가시는 곳에 나도 가고 어머니께서 머무시는 곳에서 나도 머물겠나이다 어머니의 백성이 나의 백성이 되고 어머니의 하나님이 나의 하나님이 되시리니 어머니께서 죽으시는 곳에서 나도 죽어 거기 묻힐 것이라 만일 내가 죽는 일 외에 어머니를 떠나면 여호와께서 내게 벌을 내리시고 더 내리시기를 원하나이다 하는지라 룻 1:16,17

정말 대단한 며느리 아닌가? 아마도 이 구절을 보는 아들 둔 엄마들 중에 '어디 이런 며느릿감 없을까?'라고 생각할 것이다. 그러나 이런 며느리는 없다. 자신이 먼저 나오미 같은 시어머니가 되기 전에는 말이다. 나는 룻이 시어머니인 나오미를 따라나선 데는 하나님이 주신 헤세드의 마음도 큰 작용을 했겠지만, 그것 말고도 나오미가 룻을 향해 아름다운 삶의 모범을 보였기 때문이라고 확신한다.

그리스도의 향기가 흘러가는 삶

'룻이 이렇게까지 시어머니를 따르겠다고 결단한 원인이 무엇이었을까?'를 곰곰이 묵상하는 가운데 떠오른 성경 구절이 있다.

우리는 구원 받는 자들에게나 망하는 자들에게나 하나님 앞에서 그리스도의 향기니 고후 2:15

시어머니 나오미에게 그리스도의 향기가 있었던 것이다. 나오미에게 영적으로, 인격적으로 감동되지 않고는 룻이 아무리 착한 마음을 가졌다 해도 고향을 떠나 먼 이국까지 좇아가지는 못했을 것이다. 우리 역시 우리에게서 그리스도의 향기가 흘러나가기를 구해야 한다. 나 역시 이런 소원을 늘 품고 있다. 특히 가족들에게 그리스도의 향기가 되기를 간절히 소원한다.

나는 내가 목사라는 이유만으로도 우리 아이들에게 참 미안한 마음이 든다. 오늘 이 시대에 목사 아버지를 둔다는 것이 얼마나 힘든 일인지 다들 짐작할 수 있지 않은가. 우리 시대의 현실은 자기 아버지가 목사라고 했을 때 부러움을 사기는커녕 왕따 당하지 않는 것만으로도 다행이라고 여길 정도로 삭막하다.

이런 현실이기 때문에 나는 늘 이런 꿈을 꾼다. 아버지가 목사라는 이유만으로 비웃음과 손가락질을 당하는 것이 아니라 아이들 마음 중심으로부터 부러움을 사는 그런 세상을 말이다. 또 그렇기 때문에 나는 우리 아이들에게 부끄럽지 않은 아버지가 되려는 꿈이 있다. 우리 아이들이 봤을 때 그야말로 그리스도의 향기가 드러나는 목사 아버지가 되고 싶다.

뿐만 아니라 나와 함께 같은 그리스도의 길을 걷고 있는 후배 교역자들에게 그리스도의 향기를 드러내는 선배 목사가 되고 싶다. 가장 가까이서 나를 대하고 바라보고 있는 사람들에게 이런 향기를 전해줄 수 없다면 얼마나 비참한 일인가?

우리가 그런 사람이 되어야 한다. 우리 자녀들과 며느리들, 사위들에게, 후배들에게 하나님을 믿는 사람으로서의 향기가 흘러가야 한다.

믿음의 향기

나오미에게서 나는 향기는 두 종류였다. 첫째 '믿음의 향기'였다. 며느리 룻의 고백을 들어보라.

> 룻이 이르되 내게 어머니를 떠나며 어머니를 따르지 말고 돌아가라 강권하지 마옵소서 어머니께서 가시는 곳에 나도 가고 어머니께서 머무시는 곳에서 나도 머물겠나이다 어머니의 백성이 나의 백성이 되고 어머니의 하나님이 나의 하나님이 되시리니 룻 1:16

얼마나 귀한 고백인지 모른다. 모압 지방 사람들은 하나님을 섬기는 자들이 아니다. 룻 역시 하나님을 믿던 사람이 아니었다. 그런데 하나님을 믿는 시어머니를 보면서 그 안에서 믿음의 향기를 발견한 것이다. 그래서 어머니가 믿는 그 하나님을 나도 믿고 싶다는 것 아닌가.

신앙은 전수(傳受)이다. 나 홀로 신앙이 아니다. 하나님이 하늘에서 무슨 음성을 들려주셔서 믿는 것이 아니다. 하나님이 먼저 주신 믿음의 향기를 부모가 자녀에게, 선배가 후배에게, 이전 세대가 그 다음 세대로 전수하는 것이 신앙이다. 그래서 기독교는 '전수의 종교'이다.

출애굽기에서 하나님은 모세에게 자신에 대해 이렇게 표현하신다.

또 이르시되 나는 네 조상의 하나님이니 아브라함의 하나님, 이삭의 하나님, 야곱의 하나님이니라 출 3:6

구약에 이런 표현이 종종 나온다. 아브라함의 믿음이 이삭에게로 전해졌다. 이삭의 믿음이 야곱에게로 전해졌다. 시어머니 나오미의 믿음이 며느리 룻에게 전수되었다. 이처럼 신앙은 전수되는 것이다.

우리는 지금 우리의 자녀들에게 믿음의 향기를 전하고 있는가? 후배들에게 믿음의 향기를 전하고 있는가? 그래서 하나님이 보이지도 않고, 때로는 하나님이 없는 것 같다고 느끼는 우리 아이들에게서 "나는 하나님이 안 보이지만 하나님을 믿는 우리 엄마에게서 그리스도의 향기가 느껴지는 것 같아"라는 고백이 일어나고 있는가?

나의 끊임없는 기도제목은 자녀들에게 그리스도의 향기가 있는 아버지가 되는 것, 후배 교역자들에게 그리스도의 향기로 신실함을 전하는 선배 목회자가 되는 것이다. 내가 나의 스승 옥한흠 목사님에게서 보고 배운 것처럼 나도 그리스도의 향기로 좋은 영향력을 흘려보내고 싶다. 오늘 우리의 믿음이 다음 세대로 전수되고 흘러가는 아름다운 믿음의 선순환이 일어나야 한다. 그 책임이 우리에게 있다.

인격의 향기

나오미가 며느리 룻에게 흘려보낸 또 다른 향기는 '인격의 향기'이다. 나오미가 두 며느리를 대하는 태도에서 그녀의 인격을 엿볼 수 있다.

> 나오미가 두 며느리에게 이르되 너희는 각기 너희 어머니의 집으로 돌아가라 너희가 죽은 자들과 나를 선대한 것같이 여호와께서 너희를 선대하시기를 원하며 여호와께서 너희에게 허락하사 각기 남편의 집에서 위로를 받게 하시기를 원하노라 하고 그들에게 입 맞추매 그들이 소리를 높여 울며 룻 1:8,9

이제 그만 각자의 본가로 돌아가라는 나오미의 말에 두 며느리는 왜 소리 높여 울었는가? 이 눈물의 의미는 무엇인가? 자기들이 보기에는 시어머니가 더 비참하고 난감한 상황에 빠졌는데, 그런 상황에서도 며느리들을 염려해주고 장래를 위해서 애틋한 말을 해주는 시어머니의 마음이 전달되어 눈물이 난 것이다.

"너희들이 헤세드의 사랑으로 내게 잘해준 것을 내가 알고 있단다. 고맙다. 나도 너희들을 그렇게 축복하길 원한다."

진심으로 며느리들을 축복하고 인정하는 인격의 향기에 감동을 받아 며느리들이 우는 것이다. 고부 갈등을 겪고 있는 시어머니들에게 묻고 싶다. 아들을 결혼시키고 며느리를 맞고 나서 자신의 아름다운 향기 때문에 며느리가 한 번이라도 눈물을 흘린 적이 있는가? "며느리 잘 봤나, 잘못 봤나" 따지기만 할 것이 아니라 어른들이 먼저 인격의 향기를 풍겨야 한다. 어른들이 다음 세대에 대한 책임을 져야 한다.

언젠가 외국의 이민 교회에서 설교를 하면서 불같이 화를 낸 적이 있다. 도대체 교회를 어떻게 이끌었기에 이민 2세 아이들이 다 교회를 떠나게 생겼는가 말이다. 어른들이 믿음의 향기, 인격의 향기를 풍기지 않았기 때문이다. 눈 감고 기도할 때는 천사 같다가 눈만 뜨면 서로 비난하고 싸우기 일쑤이니 아이들이 버텨낼 재간이 없다. 그런 모습을 보니 견딜 수 없이 마음이 아프고 화가 났다.

그런 일이 이민 교회에만 있는가? 만약 우리가 속한 교회가 다음 세대인 젊은이들에게 믿음의 향기를 흘려보내지 못하고 있다면 우리는 다 엉터리로 신앙생활하고 있는 것이다. 주일학교와 중고등학교 아이들, 대학생들과 청년들이 목회자와 교회 어른들의 모습을 보고 "저 목사님에게서, 저 장로님에게서 그리스도의 향기가 나는 것을 보니 하나님이 살아 계시나 보다. 나는 아직 어려서 하나님을 만나지 못했지만 하나님이 계신 것은 확실하다" 하는 확신을 가질 수 있어야 한다.

오늘날 한국의 많은 교회들이 바로 이 부분에서 실패하고 있다. 교회들마다 한숨이 절로 나오는 현실이다. 그런 우리에게 이 말씀이 하나님의 심각한 경종이 되기를 바란다. 또한 동시에 새로운 용기와 희망이 되기를 바란다. 그래서 우리에게서 나타나는 믿음의 향기와 인격의 향기로 우리의 자녀들과 며느리들에게, 우리의 후배들에게 신앙이 전수되는 아름다운 역사가 일어나기를 간절히 축복한다.

그리스도의 향기를 흘려보내는 권면

빌립보서 3장에서 사도 바울은 이렇게 말한다.

형제들아 너희는 함께 나를 본받으라 그리고 너희가 우리를 본받은 것처럼 그와 같이 행하는 자들을 눈여겨 보라 빌 3:17

고린도전서 4장에서도 비슷한 말을 한다.

그러므로 내가 너희에게 권하노니 너희는 나를 본받는 자가 되라 고전 4:16

정말 놀라운 말이다. 나는 우리 성도들에게 바울처럼 "나를 본받으라"고 자신 있게 말할 수 있을까? 나는 자신이 없다. 그런데 이와 비슷한 바울의 권면을 또 다른 곳에서도 발견했다.

내가 그리스도를 본받는 자가 된 것같이 너희는 나를 본받는 자가 되라

고전 11:1

"나를 본받으라"는 바울의 권면의 깊이가 바로 이 말씀에서 발견된다. 바울의 권면이 교만이 아니라는 것이 여기서 입증되기 때문이다. 바울이 "나를 본받았으면 좋겠다"고 한 것은 자신의 어떤 잘난 모습을 본받으라는 것이 아니라 자신이 그리스도의 영향을 받고 있는 것처럼 그들도 그리스도의 영향을 받았으면 좋겠다는 것이다.

우리도 바울처럼 아름다운 영적 유통업자가 되어야 한다. 자녀들에게 "너희는 아빠를 본받아라. 엄마를 본받아라. 비록 부족하지만 엄마 아빠는 하나님을 본받고 있단다"라고 하면서 그리스도의 영향력을 흘려보내야 한다. 이런 사랑의 선순환을 꿈꾸는 우리 모두가 되기를 주님의 이름으로 축복한다.

우리가 그리스도의 향기로 인해 존경받고 영향력 있는 어른들이 되기를 바란다. 우리 자녀들이 그들의 생애에 아름다운 향기가 흘러나오는 어른들을 만나게 되는 '만남의 축복'을 누리게 되기를 바란다.

이런 꿈을 가지고 영적 전쟁에서 승리해야 한다. 우리 인격을 짓밟으려는 세상 풍조에서 승리해야 한다. 정직하지 말고 거짓을 사용하라는 은밀한 유혹에서 승리해야 한다. 그렇게 치열한 싸움을 싸울 때 우리 안에서 인격의 향기, 믿음의 향기가 회복되고 흘러나갈 줄 믿는다.

<u>19</u>이에 그 두 사람이 베들레헴까지 갔더라 베들
레헴에 이를 때에 온 성읍이 그들로 말미암아
떠들며 이르기를 이이가 나오미냐 하는지라 <u>20</u>
나오미가 그들에게 이르되 나를 나오미라 부르
지 말고 나를 마라라 부르라 이는 전능자가 나
를 심히 괴롭게 하셨음이니라 <u>21</u>내가 풍족하게
나갔더니 여호와께서 내게 비어 돌아오게 하셨
느니라 여호와께서 나를 징벌하셨고 전능자가
나를 괴롭게 하셨거늘 너희가 어찌 나를 나오미
라 부르느냐 하니라 <u>22</u>나오미가 모압 지방에서
그의 며느리 모압 여인 룻과 함께 돌아왔는데
그들이 보리 추수 시작할 때에 베들레헴에 이르
렀더라

상황과 상관없이
전능의 하나님을 선포하라

샤다이의 하나님

나오미는 며느리 룻과 함께 베들레헴으로 귀환했다. 10년 만에 고향으로 돌아간 나오미를 많은 사람들이 반갑게 맞아주었다. 그때 나오미는 자신을 반기는 고향 사람들에게 이런 말을 했다.

> 나오미가 그들에게 이르되 나를 나오미라 부르지 말고 나를 마라라 부르라 이는 전능자가 나를 심히 괴롭게 하셨음이니라 내가 풍족하게 나갔더니 여호와께서 내게 비어 돌아오게 하셨느니라 여호와께서 나를 징벌하셨고 전능자가 나를 괴롭게 하셨거늘 너희가 어찌 나를 나오미라 부르느냐 하니라 룻 1:20,21

나오미는 자신을 '나의 즐거움'이란 뜻을 가진 '나오미'라 부르지 말고 '괴로움'이라는 뜻의 '마라'라 부르라고 했다. 자신의 형편이 여호와의 징벌로 괴롭게 되었기 때문이라는 것이다. 그런데 나오미의 이 고백 안에 주목해야 할 단어가 있다. 그것은 두 번에 걸쳐 반복되는 '전능자'라는 단어이다. 나오미는 하나님을 '전능자'로 지칭하고 있는데, 여기에 어떤 의미가 담겨 있는지 살펴보자.

'전능자'는 원어로 '샤다이'인데, '샤다이'가 가장 먼저 등장한 곳은 창세기 17장이다.

아브람이 구십구 세 때에 여호와께서 아브람에게 나타나서 그에게 이르시되 나는 전능한 하나님이라 너는 내 앞에서 행하여 완전하라 창 17:1

이 말씀의 배경은 이렇다. 하나님이 99세 된 아브라함에게 찾아오셔서 예전에 주신 약속, 즉 아들을 주겠다고 하신 약속을 다시 한 번 확증해주신다. 바로 이때 하나님은 아브라함에게 약속에 대한 확증의 말씀을 주시면서 자신을 '엘 샤다이', 즉 '전능하신 하나님'이라고 묘사하셨다. 바울은 로마서에서 이때의 아브라함과 사라의 상황을 이렇게 해석했다.

그가 백 세나 되어 자기 몸이 죽은 것 같고 사라의 태가 죽은 것 같음을

알고도 믿음이 약하여지지 아니하고 롬 4:19

즉, 절대로 생명을 잉태할 수 없는 상태란 것이다. 따라서 절대로 불가능한 상태에서 생명을 주시는 하나님, 아무것도 없는 것에서 새롭게 창조하시는 하나님이 '샤다이의 하나님'이시다. 고향 베들레헴으로 돌아온 나오미의 첫 고백이 바로 '전능하신 하나님', '샤다이의 하나님'이었다.

상황은 그대로지만!

나오미의 입술에서 '샤다이의 하나님'이 선포된 것이 왜 의미가 있는가? 나오미는 지금 모압에서 돌아와 베들레헴에 도착함으로써 회복의 첫걸음을 내디뎠다. 그리고 '샤다이의 하나님'을 고백했다. 그러나 사실 나오미의 상황을 보면 변한 것이 하나도 없다. 모압에서 돌아오기는 했지만 어려운 사정은 마찬가지다.

우리도 이런 경험이 있지 않은가? 새벽예배에 다녀오고, 특별집회에 다녀오고, 주일예배도 열심히 드려서 은혜 받고 회개하고 영적으로 완전히 회복되었다 할지라도, 집에 돌아가 정신 차리고 보면 바뀐 것이 하나도 없다. 뭐가 달라졌단 말인가?

나오미의 입장에서도 그렇다. 비장한 각오와 발 빠른 결단으로 하나님 앞으로 돌아왔지만, 상황은 바뀐 게 없고 달라진 것은 아무것도 없다. 하나님도 전혀 도와주지 않으시는 것 같다. 그런데 바로 그런 상황, 끼니가 걱정되고 생계가 막막한 상황에서 나오미가 가장 먼저 선포한 것이 '샤다이의 하나님, 전능하신 하나님'이다.

우리도 살아가다 보면 영적으로는 충만해졌을지 몰라도 현실은 여전히 실패한 인생이고 회복될 가능성이 전혀 보이지 않을 때가 있다. 그런 절망적인 상황에서, 가능성이 하나도 없는 상황에서 '샤다이의 하나님'을 우리의 입술로 먼저 선포하는 것이 필요하다. 그것이 오늘 우리가 해야 할 일이다.

상황과 상관없이 샤다이의 하나님 때문에!

이민 초기의 스물세 살 때, 하나님은 밑바닥 인생을 살고 있던 나를 가슴 벅찬 감격으로 만나주시고 건져주셨다. 그런데 그렇게 은혜 받고 정신 차렸는데도 달라진 것이 하나도 없었다. 사도행전 2장에 보면 성령이 임한 후에 배우지도 않은 외국어가 방언으로 터졌다고 하는데, 나는 그렇게 은혜를 받았는데도 영어 한마디 늘지 않고 생계는 여전히 막막했다.

그렇지만 나는 이미 '샤다이의 하나님'을 경험했기 때문에 상황은 하나도 변하지 않았어도 나의 내면은 180도 바뀌었다. 아브라함에게 임하신 하나님, 나오미에게 임하신 그 하나님을 이미 경험하고 만났기 때문에 나의 태도가 달라진 것이다. 그리고 그 달라진 태도가 오늘의 나를 만들었다.

한국으로의 역이민을 선택해 돌아오던 당시도 마찬가지다. 미국에 살 때에는 조국을 떠나 있는 것에서 오는 외로움으로 힘들었다면, 한국으로 되돌아온 후에는 가족들과 격리되는 외로움으로 괴로웠다. 낯설고 생소한 삶, 그리고 외롭고 고독한 삶이었다. 더군다나 앞으로 내 인생이 어떻게 펼쳐질지 모르는, 인간적으로는 불안하기 짝이 없는 삶의 시작이었다.

그리고 이미 나눈 것처럼 그때 나는 교회 복도에 돗자리 깔고 지내는 노숙자와 다름없는 생활을 하기도 했다. 물론 그때 돈이 정말로 한 푼도 없어서 그런 생활을 했던 것은 아니다. 미국에 있을 당시 사업을 했기 때문에 사업을 정리하면서 가지고 나온 돈이 통장에 얼마간 있었다. 다만 앞으로 목사가 될 사람이니 돈과 무관한 삶을 살고자 결단하여 그 돈은 건드리지 않고 오직 주님만 의지하여 생활했던 것이다.

어쨌든 그때 나의 현실은 노숙자 신세였다. 하지만 '샤다이의 하나님'을 경험한 나의 내면에서 솟는 기쁨은 아무도 빼앗을 수 없었다. 단언컨대, 그때 무덥고 뜨거웠던 교회 복도에서의 노숙(?) 생활은 내 인생에서 너무나 소중하고 행복했던 시절이었다. 그 기쁨이 얼마나 컸는지, 분당우리교회라는 멋진 교회에서 목회하는 영광을 누리고 있는 지금의 기쁨과 그 농도에 있어서 전혀 차이가 없다. 그때나 지금이나 여전히 하나님이 내게 '샤다이의 하나님'으로 계시기 때문이다.

우리 역시 하나님이 내게 어떤 것을 베푸시는가 보고 난 이후가 아니라 지금 이 자리에서 '샤다이의 하나님'을 외쳐야 한다. 나오미가 베들레헴으로 귀환하고 회복의 첫걸음을 누린 직후 첫 번째 고백으로 '샤다이의 하나님'을 선포한 것처럼 말이다.

하나님 역사의 첫 관문

베들레헴으로 돌아온 나오미의 입술에서 선포된 '샤다이의 하나님'이란 고백이 갖는 의미가 또 있다. 지금 나오미는 인생의 놀라운 변화 앞에 섰다. 지금 나오미의 상황이 어떠한가? 가장의 실수와 착오로 가정이 완전히 몰락했다. 남편도 죽고, 두 아들도 죽었다. 그러나 실패한 이 가정을 향해 대 반전의 하나님이 세우신 놀라운 계획이 있었다.

만약 엘리멜렉이 그런 실수를 저지르지 않았다면, 현실 도피하고 궤도 이탈하여 모압으로 가지 않았다면 룻이 어떻게 다윗의 계보를 잇는 영광을 누릴 수 있었겠는가? 그 계보를 통해 어떻게 예수 그리스도께서 나실 수 있었겠는가? 그러니 결과를 놓고 보면, 엘리멜렉의 치명적 실수가 오히려 다윗의 계보를 연결하고 예수 그리스도께서 이 땅에 나시는 놀라운 통로가 된 것이다. 그 놀라운 하나님 역사의 관문, 그 첫 시작이 바로 나오미가 외쳤던 '샤다이의 하나님'이다!

우리가 할 일은 하나님이 베푸실 놀라운 역사의 관문 앞에서 "샤다이의 하나님, 전능하신 하나님"을 선포하는 것이다. 우리의 가문이 바뀌고, 우리의 교회가 바뀌고, 우리의 인생이 바뀌는 그 관문 앞에서 먼저 '샤다이의 하나님'을 선포해드리는 것이다.

그렇게 샤다이의 하나님이 선포될 때 앞으로 5년 뒤, 10년 뒤, 20년 뒤에 우리 삶 속에서 이루어지게 될 하나님의 놀라운 역사를 기대하라. 그때 우리는 정말 놀랍게 역사하시는 대 반전의 은혜를 경험하게 될 것이다. '샤다이의 하나님'을 선포함으로써 그 감격을 미리 경험하며 누리는 놀라운 은혜를 맛보기를 바란다.

물고기를 쫓는 것도 샤다이의 하나님

유명한 조직신학자인 미국 칼빈신학교의 루이스 벌코프(Louis Berkhof) 교수는 '엘 샤다이'라는 하나님의 이름을 연구했다. 그가 이런 말을 했다.

"엘 샤다이는 단순히 하나님께서 모든 일을 할 수 있는 능력이 있는 분이라는 뜻만은 아니다. 엘 샤다이는 하늘과 땅의 모든 권세를 소유하신 분이다. 눈에 보이는 것이나 보이지 않는 것이나 다 그분의 주권 가운데 있다. 창조와 보전이, 선택 혹은 유기가, 만물의 운행과 통치가 엘 샤다이 그분의 품 안에서 이루어진다는 뜻이다."

우리 인식 속의 하나님은 오늘 내게 떡을 주시면 '샤다이의 하나님'이고, 하나님이 나를 다루시느라 떡을 주지 않으시면 사라져버리고 마는 분이시다. 그러나 우리에게 놀라운 일을 베푸시는 것만이 '샤다이의 하나님'은 아니다. 우리는 내 머릿속에, 내 한계 안에 가두어둔 하나님에 대한 인식을 깨뜨려야 한다.

내 인생을 돌아볼 때 후회되는 일이 있다. 스물세 살 시카고에서 헤매던 때, 하나님이 내 빵을 빼앗아가시고 나를 빵 없는 빵집으로 만드셨을 때, 자살충동을 느끼기까지 나를 삶의 코너로 몰고 가셨을 때 왜 그것도 샤다이 하나님의 일하심이란 것을 몰랐을까 하는 것이다. 왜 그것도 감사함으로 수용하지 못했을까? 왜 그렇게 하나님을 원망하고 불평하고 하나님을 향해 삿대질을 했을까? 왜 그런 미숙한 짓을 저질렀을까?

그것이 정말 후회되고 평생 하나님께 죄송하다. 물론 하나님께서는 나의 그런 미숙한 감정조차 들어 사용하셔서 지금 내가 이렇게 하나님 앞에 몸부림치도록 만드셨지만, 문득문득 떠오를 때마다 부끄럽고 민망한 마음에 몸 둘 바를 모르겠다.

언젠가 교회에서 이런 설교를 한 적이 있다.

"베드로의 직업이 어부였는데, 밤새도록 그물질을 했는데도 물고기 한 마리 잡지 못했다. 어부의 손에 물고기가 잡히는 게 기적인가, 아니면 밤새도록 물고기 한 마리 잡히지 않는 게 기적인가?"

베드로는 그날 밤, 밤새 그물질을 하면서 전문 직업인으로서 깊은 절망감과 허망함을 느꼈을 것이다. 그러나 물고기 한 마리 잡지 못한 그 절망의 밤은 다음날 그의 생애에서 결코 잊을 수 없을 예수 그리스도와의 벅찬 만남을 예고하고 있었다. 만약 그날 밤 베드로가 만선(滿船)의 포만감에 사로잡혀 일찍 집에 들어갔다면 다음날 하루 종일 기뻤을지는 몰라도 평생의 기쁨 되시는 예수 그리스도를 만나지는 못했을 것이다.

그러니 베드로가 주님을 만난 것도 '샤다이의 하나님'의 역사이지만, 밤새 물고기 한 마리 잡지 못했던 것도 '샤다이의 하나님'의 역사이다. 그러면서 나는 밤새 베드로가 던지는 그물 주변에서 물고기들을 쫓고 계시는 하나님을 상상해보았다. 그 장면을 상상하면 우습기도 하고 눈물이 나기도 한다. 밤새도록 우리 인생의 물고기를 쫓고 계시는 하나님도 '샤다이의 하나님'이시다!

오늘 우리의 삶에서 물고기를 쫓아내셔도 '샤다이의 하나님'의 역사이며, 우리 삶에 물고기가 마구 몰려와도 '샤다이의 하나님'의 역사이다. 전체를 바라보는 눈으로 하나님을 볼 수 있어야 한다. 그래서 나오미가 환경은 전혀 바뀐 것 없는 중에도 '샤다이의 하나님'을 선포했던 것처럼 우리 역시 우리의 상황과 상관없이 '샤다이의 하나님'을 먼저 선포할 수 있어야 한다.

고난, 샤다이의 하나님을 만날 때

개역개정성경에서 '전능자'라는 단어를 찾아보면 한 가지 흥미로운 사실을 알 수 있다. '전능자'라는 단어가 모두 48번 나오는데, 성경 66권 가운데 이 단어가 가장 많이 나오는 곳이 놀랍게도 욥기라는 것이다. '전능자'가 성경에 등장하는 48번 가운데 무려 31번이 욥기에 나온다. 이것이 무엇을 의미하는가?

우리가 인생의 고통의 터널을 지나갈 때, 고난의 험준한 길을 만날 때가 바로 우리의 힘들고 어려운 삶 속에 찾아오시는 '샤다이의 하나님'을 만날 때라는 것이다. 보릿고개가 있고 경제적으로도 어려웠던 그때, 우리 윗대 어른들의 믿음이 우리보다 훨씬 더 굳건하고 생생했던 이유가 바로 이것 때문이다.

오늘 우리 인생이 물고기가 몰려오는 것이 아닌 인생의 물고기를 쫓고 계시는 하나님의 역사가 일어나고 있는 때라면, 나오미나 욥이 그랬던 것처럼, 그리고 서른한 살의 내가 겪었던 것처럼 바로 지금이야말로 전능하신 하나님, 샤다이의 하나님을 만날 기회이다. 그것을 볼 수 있는 눈이 영안이다. 우리 모두 영안이 열려 샤다이의 하나님의 역사하심을 볼 수 있는 삶을 살게 되길 바란다.

하나님의 발자국 소리, 슈브

그런가 하면 나오미의 인생을 역전시킨 또 다른 단어가 있다. 그것은 '슈브'라는 단어이다.

> 그 여인이 모압 지방에서 여호와께서 자기 백성을 돌보시사 그들에게 양식을 주셨다 함을 듣고 이에 두 며느리와 함께 일어나 모압 지방에서 돌아오려 하여 룻 1:6

여기서 '돌아오려 하여' 할 때의 '돌아오다'라는 단어가 '슈브'인데, 이것을 영어로 하면 'turn back' 혹은 'return'이다. 이 '슈브'에 대해 《은혜의 타작마당에 누운 룻》(옥성석, 국제제자훈련원)에서는 이렇게 설명한다.

> "유다에 풍년이 들었다는 소문과 함께 돌아오라는 음성이 중복되어 계속 나오미의 귓전을 두드렸다. 돌아오라. 돌아오라. 돌아오라. 그녀의 육적인 귀에 들리는 것은 유다에 풍년이 들었다는 소문뿐이었다. 그러나 그

녀의 귀에는 또 다른 세미한 소리가 들렸다. 슈브, 슈브, 슈브."

그러면서 계속해서 설명하기를 '슈브'라는 동사가 룻기 1장 6절에서 12절 사이에 무려 6번이 등장하고, 22절까지로 범위를 넓히면 12번이나 반복되어 나온다고 한다. 그 '슈브'의 최종 종착점은 22절이다.

나오미가 모압 지방에서 그의 며느리 모압 여인 룻과 함께 돌아왔는데 그들이 보리 추수 시작할 때에 베들레헴에 이르렀더라 룻 1:22

이 구절의 '돌아왔는데', '이르렀더라'가 원어로 보면 다 '슈브'이다. 그러면서 하나님은 나오미가 실패한 모압의 자리에 머물러 있을 때 끊임없이 "슈브, 슈브, 슈브", "돌아오라, 돌아오라, 돌아오라"는 소리를 들려주셨고, 또 나오미에게 그 '슈브'의 소리가 들리는 것과 동시에 그녀의 삶에 변화가 일어나기 시작했다는 것이다. 그리고 그 최종 종착지가 베들레헴으로의 귀환이다.

회개는 엉엉 울며 눈물로 지난 행위를 후회하는 것이 아니다. 궤도 이탈한 자리에서 제자리로 돌아오는 것까지가 회개이다. 하나님은 지금도 우리 귓가에 "슈브, 슈브, 슈브" 소리를 들려주신다. 그 소리가 들릴 때 우리 인생의 변화가 시작된다.

그 책에 보면 이런 대목도 있다.

"나는 이것을 하나님의 신발 소리라고 부르고 싶다. 아무런 말씀도 하지 않으시고 그저 '슈브, 슈브, 슈브' 하며 저쪽에서 일하시는 하나님의 신발소리 말이다. 하나님은 그 소리가 국경을 넘어 모압까지 들리도록 하셨다."

귀를 열고 슈브 소리를 들어라

이 말씀을 정리하며 묵상하는데 마음이 뭉클해지며 눈물이 흘렀다. 하나님은 나를 오래전부터 목회자로 정해두셨는데, 나는 방황하며 귀를 막고 살다가 서른 살이 되어서야 신학대학원에 들어갔다. 물론 하나님은 태중에서부터 계획하셨겠지만, 내가 처음 인식한 때는 초등학교 때였다. 그때 어머니는 나를 보고 끊임없이 "네가 목사가 되어야 한다. 네가 목사가 되면 좋겠다"고 하셨다. 하지만 나는 귀를 막고 살았다.

"나는 목사 안 해. 아버지처럼 안 될 거야."

그렇게 20년을 버텼는데, 그 세월 동안 내 귓가를 끊임없이 두드렸던 것이 하나님의 슈브 소리이다. 내가 귀를 막아서 못 들었을 뿐이다. 어느 순간, 하나님의 슈브 소리가 들리기 시작하자 그때부터 인생에 변화가 일어난 것이다.

지금도 귀를 막고 있는 사람들이 많다. 하나님은 완력으로 우리를 이끌지 않으신다. 다만 끊임없이 우리 귓가에 "슈브, 슈브, 슈브"라는 소리를 들려주심으로써 우리가 깨닫고 스스로 돌아오기를 기다리신다. 내가 목사가 되기까지 하나님은 20년의 세월, 아니 그보다 더한 세월을 기다려주셨다. 우리 하나님은 얼마든지 기다려주시는 분이다.

어떤 상처로 귀를 막았는가? 어떤 두려움으로, 어떤 인생의 풍랑으로 귀를 닫고 베들레헴을 떠나 모압으로 떠나갔는가? 이제 돌아와야 한다. 하나님의 슈브 소리에 귀를 기울여야 한다. 성령님이 우리의 영적 귀를 열어주셔서 "슈브, 슈브, 슈브", "돌아오라, 돌아오라, 돌아오라"고 지금도 끊임없이 들려주시는 하나님의 소리가 들리게 되기를 바란다.

오래 기다리시는 하나님의 일하심

언젠가 내가 시카고에서 집회를 할 때였다. 집회를 마치고 나가려는데 어떤 분이 "목사님, 제가 분당우리교회 성도입니다"라고 하면서 손으로 쓴 편지 한 통을 전해주었다. 분당우리교회 성도인데 지인을 만나러 잠깐 미국에 온 모양이었다. 반갑게 인사를 나누고 숙소로 돌아와 편지를 꺼내 읽어보니 이런 내용이었다. 편지는 이렇게 시작한다.

"목사님, 목사님께서 시카고에 오신다는 소식을 주보를 통해 보고 너무 반갑고 놀라워 며칠을 한숨도 잠을 이루지 못했습니다. 제 생전에 다시는 교회에 발을 딛지 않겠노라고 다짐하며 30년 몸담은 교회를 떠나 산 지 5년, 그동안 교회를 등지고 살았지요. 주일만 되면 마음이 괴로웠지만 세월이 지나니 그것도 잠시, 그마저도 무뎌졌습니다. 몇 년 전 몸담은 교회 목사님에게서 이루 말할 수 없는 마음의 상처를 받고, 그 분노를 참을 수 없어 그분을 죽이고 또 저도 죽고 싶은 마음이 들기도 했지만, 자식이 눈에 아른거려 그냥 마음에 분을 품은 채 세월이 흘렀습니다."

도대체 교회의 목사님과 무슨 일이 있었기에 "그 목사님을 죽이고 나도 죽어야겠다"고까지 생각하게 되었는지 모르겠지만, 교회 공동체는 영적인 공동체이기 때문에 그만큼 악한 사탄의 역사도 틈타기 쉽다. 그래서 우리는 더 영적으로 깨어 있고 조심해야 한다. 어쨌든 그토록 큰 상처를 지닌 채 교회를 등지고 5년의 세월을 보냈는데, 어느 날 아들이 테이프 하나를 건네며 이렇게 말했다고 한다.

"어머니, 이찬수 목사님이란 분이 있는데요, 이분 설교 테이프예요. 이걸 듣고 어머니 마음이 치유받았으면 좋겠어요."

아들이 주니 받기는 받았지만, 아들이 나가자마자 바로 쓰레기통에 버렸다고 한다. 목사에게 큰 상처를 받았으니 또 다른 목사도 지긋지긋하다는 생각이 들었기 때문이다. 그렇게 마음을 닫았는데, 하나님의 인도하심으로 어찌어찌 분당우리교회에서 예배를 드리게 되었다고 한다. 그 편지의 결론이 이렇다.

"그러던 어느 날 아들의 권유로 분당우리교회의 예배에 참석하여 말씀을 듣는 중, 제 마음에 꽉 차 있던 분노가 점차로 회복되면서 회개의 눈물이 흘러내렸습니다. … 매주 듣는 말씀이 저에겐 눈물의 말씀이 되곤 합니다. 저는 매주 2시간 동안 버스를 타고 교회에 옵니다. 매주 말씀이 사모되어 주일만 기다려지곤 하지요. 교회에 들어서는 순간부터 눈물이 흐릅니다. 제 마음을 치유해주신 주님, 매 시간마다 눈물이 마르지 않습니다. 주님은 눈물로 저의 상처를 씻어주셨습니다."

5년 동안 어떤 방법으로도 해결할 수 없던 마음의 분노와 상처가 예배 한 번으로 치유되는 것이 바로 '샤다이의 하나님'의 일하심이다. 그 세월 동안 끊임없이 "슈브, 슈브, 슈브, 돌아오라, 돌아오라"고 들려주시며 오래도록 기다려주신 하나님의 일하심이다.

우리 마음에 무(無)에서 유(有)를 창조하시는 하나님, 백세 된 아브라함의 죽은 것 같은 몸에서 생명을 잉태케 하시는 전능하신 하나님이 임하게 되기를 바란다. 또 그 하나님이 끊임없이 들려주시는 슈브 소리가 우리 마음 가운데 들려지기를 바란다. 그 하나님의 부르심 소리가 우리 귓가에 맴돌고 메아리치게 되기를, 그런 은혜가 우리 모두에게 풍성히 임하게 되기를 정말 간절히 바란다.

전능하신 우리의 하나님은 능히 하지 못하실 일이 없다. 주님의 약속은 반드시 이루어진다. 샤다이의 하나님을 찬양하라! 하나님의 슈브 소리에 귀를 기울여라!

¹ 나오미의 남편 엘리멜렉의 친족으로 유력한 자가 있으니 그의 이름은 보아스더라 ² 모압 여인 룻이 나오미에게 이르되 원하건대 내가 밭으로 가서 내가 누구에게 은혜를 입으면 그를 따라서 이삭을 줍겠나이다 하니 나오미가 그에게 이르되 내 딸아 갈지어다 하매 ³ 룻이 가서 베는 자를 따라 밭에서 이삭을 줍는데 우연히 엘리멜렉의 친족 보아스에게 속한 밭에 이르렀더라 ⁴ 마침 보아스가 베들레헴에서부터 와서 베는 자들에게 이르되 여호와께서 너희와 함께하시기를 원하노라 하니 그들이 대답하되 여호와께서 당신에게 복 주시기를 원하나이다 하니라 ⁵ 보아스가 베는 자들을 거느린 사환에게 이르되 이는 누구의 소녀냐 하니 ⁶ 베는 자를 거느린 사환이 대답하여 이르되 이는 나오미와 함께 모압 지방에서 돌아온 모압 소녀인데 ⁷ 그의 말이 나로 베는 자를 따라 단 사이에서 이삭을 줍게 하소서 하였고 아침부터 와서는 잠시 집에서 쉰 외에 지금까지 계속하는 중이니이다

주님의 생각은 chapter 6
우리의 생각보다 높다

우리와 다른 하나님의 생각

롯기 2장은 모압을 떠나서 베들레헴으로 돌아온 룻과 나오미가 본격적으로 베들레헴에 정착하는 과정을 그리고 있다. 주목할 것은 그 여정을 그려내는 2장의 첫 절이 '보아스'라고 하는 새로운 등장인물을 소개하는 것으로 시작된다는 점이다.

> 나오미의 남편 엘리멜렉의 친족으로 유력한 자가 있으니 그의 이름은 보아스더라 룻 2:1

이 구절에서 우리는 우리의 기대와 다르게 일하시는 하나님을 발견하게 된다. 궤도를 이탈했던 모압에서의 잘못된 삶을 청산하고 이제 본 궤도로 돌아와 새로운 삶을 시작하는 룻과 나오미에게 우리는 하나님이 먹을 식량을 기적적으로 마련해주시거나 기거할 집을 장만해 주지 않으실까 기대한다. 하지만 하나님이 준비하고 계신 것은 우리의 기대와는 전혀 차원이 다른 것이었다.

하나님은 사소한 것들을 장만해주기를 바라는 우리의 차원과는 완전히 다른 축복의 통로를 예비하고 계셨다. 그것은 바로 '보아스'라는 사람이었다. 하나님은 두 여인을 위해 다른 무엇이 아닌 그를 준비해놓으셨다.

보아스는 '유력한 자'라고 소개된다. 실제로 그는 두 여인의 인생을 책임지고도 남을 만큼 유력한 자였다. 나는 이 부분을 묵상하면서 무릎을 치며 감탄했다. 너무나 사소한 것, 얇은 것들을 기대하는 우리에게 하나님은 본질적으로 차원이 다른 것들을 예비하고 계시다는 것을 발견했기 때문이다.

이는 내 생각이 너희의 생각과 다르며 내 길은 너희의 길과 다름이니라 여호와의 말씀이니라 이는 하늘이 땅보다 높음같이 내 길은 너희의 길보다 높으며 내 생각은 너희의 생각보다 높음이니라 사 55:8,9

하나님의 생각은 우리의 생각과 다르다. 하나님의 길은 우리의 길과 다르다. 우리는 오늘 당장 먹을 것과 입을 것을 달라고 하지만, 하나님은 그와는 완전히 차원이 다른 본질적인 것을 제공해주길 원하신다. 우리가 이 말씀을 알고 믿을 뿐 아니라 실제로 그렇게 인도하시고 채워주시는 하나님을 경험하는 삶을 살게 되기 바란다.

하나님의 일하시는 방식

나 역시 지난 시간을 돌아보면 좁은 내 생각과는 전혀 다르게 나를 인도하신 하나님을 인정하지 않을 수 없다. 내가 이십 대 초반에 가졌던 꿈은 미국에서 돈을 엄청나게 많이 버는 것이었다. 그래서 마흔 살이 되면 그 돈을 가지고 한국으로 돌아와 복지 사업을 하고 싶었다.

당시에는 '복지'라는 단어조차 생소할 때였다. 하지만 나는 고아원을 열고 양로원을 여는 일이 하고 싶어서 미친 듯이 돈을 벌려고 했다. 그런데 사업을 시작해 막 돈이 벌리기 시작할 찰나에 하나님의 계획이 나의 계획과 다르다는 것을 알게 되었다. 하나님의 생각은 마흔까지 미친 듯이 돈 벌지 말고 그 열정을 가지고 한국에 가서 청소년들을 섬기고 목회하는 일에 쏟으라는 것이었다.

나는 인생의 진로를 바꿨다. 돈 벌어서 복지 사업을 하고 싶었지만, 하나님의 뜻에 순종해서 한국에 돌아와 혼미한 인생을 살고 있는 청소년들을 섬기고 교회를 돌보는 일에 매진했다. 그런데 하나님은 얼마나 놀라우신지 내가 품었던 꿈을 그대로 이루어주셨다. 그것도 내가 이십 대 때 꿈꾸던 것의 백 갑절은 넘게 이루어주셨다.

분당우리교회가 섬기고 있는 한마음복지관은 우리나라 장애인 복지관 중 단일 규모로는 최대 규모이다. 나 혼자 하려고 했으면 아무리 많은 돈을 벌었어도 어림없었을 큰 규모의 복지 사업을 하나님은 하나님의 방법으로 놀랍게 이루어주셨다. 분당우리교회 성도들과 함께 그 꿈을 이루어나가니 내 힘으로는 상상도 할 수 없는 많은 복지 사업을 행할 수 있게 된 것이다. 그래서 나는 종종 우스갯소리 삼아 이런 말을 하곤 한다.

"사람들 돈 많다. 내 주머니의 돈만 말고 그들의 주머닛돈을 빼서 그 일을 하자."

이것이 하나님의 일하심의 방식이었다.

분당우리교회에서는 매년 특별새벽부흥회를 드리는데, 특새가 끝나는 마지막 날에 특별 헌금을 한다. 원래 우리 교회는 예배 때 따로 헌금 시간이 없다. 각자가 예배당 뒤에 마련해둔 헌금함에 자발적으로 헌금한다. 그런데 특새 마지막 날 드려지는 헌금은 예외다. 그리고 그렇게 드려진 헌금은 의미 있는 일에 사용한다. 매번, 이번 특별헌금으로는 무엇을 할까 기도하고 의논하는 일이 내게 또 다른 기쁨이요 설렘이 된다.

바로 최근에 끝난 특새 때 드린 특별헌금으로는 지금 증축 중인 한 마음복지관 장애인 주간보호센터를 지원하기로 했다. 우리나라에는 어린이 중증장애인을 도와주는 주간보호센터 시설은 많은 반면, 35세 이상 된 성인 중증장애인을 돌보는 시설은 전무하다고 한다. 그래서 성남시와 협의 하에 장애인 주간보호센터를 시작하기로 했다. 주간보호센터 시설 증축이 끝나 공간이 마련되면 장애인 주일학교도 시작되는데, 그 시설을 마련하는 일에 그 헌금을 사용하면 좋겠다는 생각이 든 것이다.

물론 교회 예산으로 할 수도 있겠지만 교회 성도들이 자신의 헌금과 기도의 열매로 맺힌 장애인보호센터를 볼 때마다 연약한 이웃을 섬기기 원하시는 하나님의 마음을 되새길 수 있도록 상징적인 의미를 담고 싶었다. 그것이 하나님의 방법임을 깨달았기 때문이다.

이렇게 성도들이 은혜를 받고, 그 은혜의 결정체로 드려진 헌금으로 어려움을 겪고 있는 장애인들을 도울 수 있다고 생각하면 가슴이 벅차다.

승복의 열매를 맺는 인생

인생을 돌아보면 하나님은 내가 이십 대 때 꿈꾸던 일을 분명히 다 이루어주셨다. 하지만 내가 꿈꾸던 그대로가 아니다. 내 방식이 아니라 하나님의 방식으로, 나의 작은 꿈대로가 아니라 그 꿈의 몇 백 갑절로 이루게 하셨다. 나는 연약한 이웃을 위로하고 섬기는 복지 사업을 하고 싶었을 뿐인데, 하나님은 사람의 마음을 치유하는 목회자가 되게 하셨다. 뿐만 아니라 그 열매로 내가 꿈꾸던 복지 사업도 저절로 이루어지게 하셨다. 그러니 우리 하나님의 생각이 내 생각보다 크고 높으시다는 것을 인정할 수밖에 없다.

이 땅을 살아가는 동안 이사야서 55장 8,9절의 말씀처럼 하나님의 생각은 내 생각과 다르며 하나님의 길은 내 길과 다르다는 사실을 많이 경험해야 한다. 나의 길이 아닌 하나님의 길을 많이 맛보아야 한다. 그것을 인정하고 살아갈 때 '승복'(承服)이라는 열매가 생긴다.

나는 이제 정말로 하나님께 승복할 수밖에 없다. 내가 기질적으로 유순하고 온순한 사람이라서가 아니다. 내가 납득하기 전에는 절대로 순종하지 않는 게 나다. 그런 못된 기질을 가진 내가 온전히 하나님께 승복할 수밖에 없는 것은 하나님이 내 삶을 통하여 내 생각보다 하나님의 생각이 더 크고 깊으시다는 것을 여러 차례 보여주셨기 때문이다.

정말 하나님은 내 생각보다 크시다. 내 생각보다 높으시다. 이것을 인정하면, 승복하고 순종하는 하나님의 사람이 된다. 온전히 그분 앞에 승복하는 삶, 우리 모두에게 이 은혜가 있기를 바란다.

하나님 앞에 승복하지 못해서 안 해도 되는 피눈물 나는 고생을 해야 했던 사람이 탕자의 비유에 나오는 둘째 아들이다. 그는 열심히 자기 머리를 굴렸다. 그는 '이 세상을 살아가는 데 그까짓 아버지 사랑이 뭐가 필요해? 돈만 있으면 됐지'라고 생각했다. 아버지 재산을 받아서 이렇게 저렇게 하면 행복하게 잘살 수 있으리라 여겼다. 그래서 아버지 말 안 듣고 바락바락 우겨서 아버지의 재산을 가지고 떠났다가 망한 것 아닌가?

그러나 둘째 아들은 집을 뛰쳐나가자마자 혼돈과 공허와 흑암 속에 헤매는 인생이 되고 말았다. 우리 인생이 나와는 완전히 차원이 다른 하나님의 생각에 승복되지 않고 혼미해져 있으면 돈이 아무리 많아도 해결이 안 되고, 아파트 평수를 넓혀도 해결이 안 되고, 예쁜 여자와 결혼을 해도 해결이 안 된다. 나는 그 둘째 아들을 볼 때마다 안타깝다. 자기가 자기를 사랑하는 것보다 아버지가 자기를 더 깊이 생각하고 더 사랑해주는 분이라는 것을 인정했더라면 그런 고생은 안 해도 되었을 것 아닌가?

내 생각대로 갔다가는 죽을 고생만 한다

인생은 두 종류이다. 아버지 말씀에 순종하고 승복하여 고생하지 않고 '행복한 삶'이라는 답을 찾는 인생이 있고, 집 나간 둘째 아들처럼 고집부리다가 죽을 고생하면서 겨우 답을 찾는 인생이 있다. 우리는 그 두 가지 인생 가운데 어느 인생에 속해 있는가? 첫 번째 인생이 되어야 한다. 고생하기 전에 아버지를 신뢰하고 그분께 승복하며 그분이 이끄시는 대로 따라가기 바란다. 그 길이 우리의 길보다 높다.

사춘기 아이들 입에서 습관적으로 나오는 말 중에 하나는 "내 생각에는…"이다. 엄마의 생각, 아빠의 생각 따위는 필요 없고, '내 생각에는' 이게 좋겠다는 것이다. 그 과정을 이미 다 겪어본 부모가 보기에는 그저 부모가 시키는 대로 승복하면 괜한 고생은 안 해도 될 것 같은데 자기 생각을 고집한다. 물론 하나님의 자녀라면 반드시 돌아올 것이기에 걱정은 안 하지만, 그렇게 자기 생각만 고집하는 자녀들을 보면 '아, 저러면 고생할 텐데' 하는 마음으로 염려하고 근심하게 된다. 이것이 부모의 마음이자 우리를 향한 하나님의 마음이다.

나는 이런 고집불통 사춘기 자녀들을 보면서 이런 생각을 한다.

"내가 바로 하나님 앞에서 저 사춘기 아이들과 같은 모습은 아닌가?"

이제 영적으로 철 들 때가 되었다. 우리 모두 하나님을 근심시키는 자녀가 되지 않기를 바란다. 하나님이 우리를 보면서 "너 그렇게 하면 고생할 텐데" 하며 근심하시게 하는 인생이 아니라 나의 생각과 전혀 다른 크고 깊으신 그분의 생각을 인정하고 승복하여 순종하는 인생을 살게 되길 바란다.

낮은 곳으로 내려가라

룻기 2장을 깊이 묵상하는 가운데 우리의 생각과는 차원이 다른 하나님의 두 가지 깊은 뜻을 발견하게 된다. 첫째로 하나님은 우리가 겸손히 낮은 곳으로 내려가기를 원하신다.

나오미는 잘못된 모압의 길을 떠나기로 결단하고 발 빠르게 실행에 옮겨 베들레헴으로 돌아왔다. 베들레헴에 돌아온 나오미의 첫 번째 고백이 무엇이었는가? "샤다이의 하나님, 전능하신 하나님"이었다. 그토록 아름다운 고백을 올려드리는 두 여인 나오미와 룻에게 하나님은 "네 마음이 정말 귀하구나" 하시며 평탄한 길로 인도하지 않으셨다.

그들은 여전히 생계가 막막한 상황이었다. 어떻게 살아야 할지 전혀 알 수 없는 상황이었다. 그런 상황에서 하나님은 오히려 그들을 저 밑바닥으로 이끌어 가신다. 그들이 어디까지 내려가야 했는가? 이삭 줍는 자리까지 내려가야 했다.

이삭을 줍는 일은 당시 사회의 가장 밑바닥 인생을 상징했다. 그래서 하나님은 밭 주인들에게 이삭을 다 추수하지 말고 고아와 과부와 나그네와 같이 연약한 이들을 위해 남겨두라고 명령하셨다. 이는 그 혜택을 누리게 되는 이삭 줍는 사람들이 얼마나 극한 어려움에 처한 자들이었는지를 보여준다. 세상에, 하나님은 그 귀한 믿음의 사람 룻에게 그 일을 시키셨다.

모압 여인 룻이 나오미에게 이르되 원하건대 내가 밭으로 가서 내가 누구에게 은혜를 입으면 그를 따라서 이삭을 줍겠나이다 하니 나오미가 그

에게 이르되 내 딸아 갈지어다 하매 ^{룻 2:2} 룻 2:2

그렇게 밑바닥까지 내려간 이들이 룻과 나오미였다. 그런데 하나님의 놀라운 지혜를 여기서 볼 수 있다. 룻이 겸손하게 밑바닥까지 내려가는 일을 마다하지 않고 이삭 줍는 자리까지 내려갔더니 그곳에 누가 기다리고 있었는가? 자기 인생을 완전히 변화시켜줄 유력자, 상상을 초월하는 놀라운 역사의 자리로 이끌어줄 남편 보아스였다.

가장 밑바닥 인생, 이삭 줍는 천한 자리에 있던 룻은 장차 다윗 왕의 계보를 잇고 예수 그리스도께서 그 계보를 통해 태어나시게 된다. 그토록 놀라운 영광을 누리게 된 그 현장이 가장 낮고 천한 자리였다.

내려가랄 때 내려가는 것이 유익이다

만약 룻이 "내가 어떤 몸인데 이런 더러운 일을 해? 나 그런 일은 못해. 차라리 굶어 죽겠어!"라고 했다면 룻에게는 그 이후에 누리게 될 영광은 없었을 것이다. 나는 룻의 모습을 보면서 이 말씀이 떠올랐다.

너희 안에 이 마음을 품으라 곧 그리스도 예수의 마음이니 그는 근본 하나님의 본체시나 하나님과 동등됨을 취할 것으로 여기지 아니하시고 오히려 자기를 비워 종의 형체를 가지사 사람들과 같이 되셨고 사람의 모

양으로 나타나사 자기를 낮추시고 죽기까지 복종하셨으니 곧 십자가에
죽으심이라 빌 2:5-8

예수님은 자신을 비워 종의 형체를 가지사 십자가의 자리까지 내려
가셨다. 룻이 이삭 줍는 것에 비교할 수 없는 일이다. 하나님이신 그분
이 인생의 밑바닥 정도가 아니라 지하 100층까지 굴을 파고 내려가는
것보다 더한 십자가의 자리까지 낮아지시자 하나님이 그분을 어떻게
하셨는가?

이러므로 하나님이 그를 지극히 높여 모든 이름 위에 뛰어난 이름을 주
사 하늘에 있는 자들과 땅에 있는 자들과 땅 아래에 있는 자들로 모든 무
릎을 예수의 이름에 꿇게 하시고 빌 2:9,10

하나님은 예수님을 지극히 높여 온 천하 만물이 그분의 이름을 감당
할 수 없는 높은 은혜의 자리로 이끌어주셨다. 이것이 영적 원리이다.
우리는 이것을 뻔히 다 알면서도 여전히 낮아지기를 거부하고 발뒤
꿈치를 들고서라도 스스로 높아지려고 하니, 얼마나 미련한 일인가?
그러다 만날 깨지고 꺾이고 수치의 자리에 빠지고 만다.
우리는 이 부분을 자꾸 훈련해야 한다. 우리의 생각으로는 높은 데
가면 대접받을 것 같고 인정받을 것 같고 존경받을 것 같지만, 성경의

원리는 그렇지 않다. 하나님은 이삭 줍는 자리까지 내려갈 때 그곳에 보아스를 예비해두셨다. 그렇다면 우리는 이렇게 기도해야 한다.

"하나님, 저의 이 교만을 꺾어주옵소서. 제가 낮아지기를 원합니다."

"나는 이삭줍기 싫어. 나는 그런 인생 아냐!"라고 말하는 데서부터 이미 궤도를 벗어나버린 것이다. 우리는 스스로 낮아지고 겸손하여 인생의 밑바닥까지 내려갈 수 있어야 한다.

밑바닥 인생의 유익

인생의 밑바닥을 경험하는 것은 절대 나쁜 것이 아니다. 하나님께서는 나를 목사로 만드시기 전인 이십 대 초반에 나를 수치의 자리, 초라한 이삭 줍는 자리까지 떨어뜨리셨다. 그때는 사는 게 수치였고 절망이었다. 하지만 젊은 시절의 그 혹독한 훈련 덕분에 나는 이제 어떤 상황에서도 낙심하지 않을 담대함을 얻었다. 아무리 내 인생이 비참한 자리에 빠진다 해도 그때보다는 낫기 때문이다.

나는 귀국 후 첫해의 한여름을 노숙자처럼 교회 계단에서 지냈고, 그 다음 해에는 달동네에서 월 4만8천 원짜리 사글세방을 얻어 들어갔다. 창고를 개조한 방이었는데, 당시에 미국에서 살고 있던 누나가 한국에 왔다가 그 방을 들여다보고는 눈물을 흘렸다. 이렇게까지 비참하게 사는 줄 몰랐다는 것이다. 그러나 나는 생각이 달랐다. 노숙자처럼 복도에서 살다가 이제 하늘 밑이 아니고 지붕이 있는 집에서 살 수 있다는 게 얼마나 감사했는지 모른다. 지금도 나는 그 달동네 집으로 이사 들어가던 날의 감격을 잊을 수가 없다.

내가 그 시간들을 전혀 어렵지 않게 보낼 수 있었던 것은 밑바닥 인생을 경험해보았기 때문이다. 이처럼 밑바닥 인생을 경험하는 것은 절대로 나쁜 일만은 아니다. 그 경험은 인생에 감격을 가져다준다.

언젠가 이런 질문을 던지는 글을 봤다.

"사람은 권력이 주어지면 그 권력 앞에 변질되기 쉽다. 구약의 사울도, 엘리 제사장도 그래서 망했다. 그런데 어떻게 다윗은 왕이라는 엄청난 권력을 가지고도 끝까지 변질되지 않을 수 있었을까?"

그러면서 이 질문의 답을 "다윗이 비천한 목동 출신이었기 때문이다"라고 냈다. 다윗은 비천한 목동으로서 인생을 시작했다. 그래서 남들이 다 자는 시간에도 양을 지키느라 들판에서 밤을 지새우는 초라한 생활을 해야 했다. 그렇게 비천한 목동으로 지낸 것이 다윗을 변질시키지 않을 수 있었던 소중한 경험이라는 것이다.

나도 비슷한 경험을 했기 때문에 그것이 무엇을 말하는 것인지 정말 잘 알고 있다. 혹시 지금 인생의 밑바닥을 경험하고 있다면, 그것이 우리의 남은 생애에 돈 주고도 살 수 없는 축복의 통로가 될 줄 믿길 바란다.

물론 비천한 출신이고 밑바닥 인생을 경험했다고 해서 그것이 다 축복의 통로가 되는 것은 아니다. 조선 왕조의 역사만 해도 자신의 출신이 비천하다고 해서 오히려 열등감에 사로잡히고 포악해진 왕들을 볼 수 있다.

우리의 비천함이 하나님의 울타리 안에 들어가야 한다. 그렇지 않으면 저급한 열등감투성이가 되어 주변 사람을 괴롭히는 결과를 가져오게 된다. 그러나 다윗처럼 우리의 비천함이 하나님의 울타리 안에 들어가게 되면 그것은 겸손이 되어 하나님과 사람들을 섬기는 종이 되게 한다. 그렇기 때문에 우리의 열등감과 우리의 비천함이 하나님의 울타리 안으로 들어가는 은혜를 누려야 한다. 그러면 그 경험들이 놀라운 축복의 통로가 될 것이다.

작은 일에 최선을 다하라

두 번째로 우리의 생각보다 높고 크신 하나님은 우리가 낮은 곳에 거할 뿐 아니라 그곳에서 작은 일에 최선을 다하기를 원하신다.

> 룻이 가서 베는 자를 따라 밭에서 이삭을 줍는데 우연히 엘리멜렉의 친족 보아스에게 속한 밭에 이르렀더라 룻 2:3

롯이 운명의 남자 보아스를 만난 곳은 바로 낮은 자리, 즉 이삭 줍는 현장이었다. 그런데 7절을 보자.

그의 말이 나로 베는 자를 따라 단 사이에서 이삭을 줍게 하소서 하였고 아침부터 와서는 잠시 집에서 쉰 외에 지금까지 계속하는 중이니이다 룻 2:7

이 구절에 롯의 '롯 됨'이 담겨 있다. 롯은 어쩔 수 없이 낮은 곳으로 가서 마지못해 이삭을 주운 것이 아니라 자기에게 맡겨진 일에 이른 아침부터 최선을 다했다. 그 모습이 보아스의 눈에 들어온 것이다. 우리는 이 사실을 기억해야 한다. 사람들의 눈에 멋있어 보이고 화려해 보이는 엄청난 일이든지, 아니면 이삭을 줍는 초라한 일이든지 상관없이, 내게 맡겨진 일에 최선을 다하는 그곳에 하나님의 은혜가 있다.

나는 우리 교회의 젊은 교역자들의 겸손을 정말 귀하게 생각한다. 아무리 힘든 일을 맡아도 "내가 목사인데 어떻게 이런 일을 나에게 시키는 거야?" 하는 교역자가 없다. 예를 들어, 우리 교회에서는 매년 특별새벽부흥회가 있을 때 교역자들이 주차 안내를 담당한다. 새벽예배에 참석했다가 바로 출근해야 하는 성도들을 대신하여 직접 주차봉을 드는 것이다.

그 모습을 보면 참 미안한 마음이 들면서도 감동이 된다. 나는 설교를 맡았다는 이유로 사무실 안에서 편안하게 준비하고 있는데, 곳곳에서 후배 목사들이 봉 들고 서 있는 모습을 보면 그 자체로 은혜가 된다. 누구 한 명 건성으로 하는 사람이 없다. 주차봉을 드는 일이 내게 맡겨진 일이라면 그 일에 최선을 다하는 것이다.

주차 안내뿐이 아니다. 교회 곳곳에서 자신이 맡은 일에 최선을 다하고 있는 손길들을 볼 때마다 나는 이런 겸손의 현장에 하나님의 역사가 있음을 느낀다. 작은 일, 남들이 알아주지 않는 일이라 할지라도 그 일이 내게 맡겨진 일이라면 최선을 다하는 것이다. 그곳에서 하나님의 역사가 일어난다.

최선을 다해야 강팀이다

하나님이 다윗을 택하신 곳 역시 그가 양을 지키고 있던 '양의 우리'였다. 시편 78편을 보자.

> 또 그의 종 다윗을 택하시되 양의 우리에서 취하시며 젖 양을 지키는 중에서 그들을 이끌어 내사 그의 백성인 야곱, 그의 소유인 이스라엘을 기르게 하셨더니 시 78:70,71

하나님은 다윗이 무엇을 하는 중에 택하셨는가? '젖 양을 지키는 중에' 그를 이끌어내셔서 이스라엘 백성을 기르게 하셨다. 나는 우리 교회의 젊은 교역자들에게 항상 이렇게 당부한다.

"여러분에게 맡겨진 작은 일, 성도의 가정을 심방하는 일, 어려움 당하고 눈물 흘리는 성도들의 눈물을 닦아주는 일, 지금 여러분이 하고 있는 이 작은 일에 최선을 다하는 것이 장차 하나님이 여러분에게 큰일을 맡겨주시는 밑거름이 될 것입니다."

하나님은 똑똑한 사람을 기뻐하지 않으시고 최선을 다하는 사람을 기뻐하신다.

얼마 전 신문에 삼성라이온즈가 프로야구에서 3년 연속 우승을 했다는 기사가 나왔다. 그러면서 감독의 인터뷰를 실었는데, 그 내용에 은혜를 받았다. 삼성 감독은 평소 선수들에게 이렇게 말한다고 한다.

"이겨서 강팀이 아니고 최선을 다해야 강팀이다."

정말 성경에 나와도 될 법한 명언이다. 우리는 이기는 데만 집중한다. 그러나 이겨서 강팀인 것이 아니라 최선을 다해야 진정한 강팀이다. 최선을 다할 때 하나님의 역사가 임한다.

최선을 다하는 그곳에서 하나님이 일하신다

나는 매년 특별새벽부흥회가 다가올 때마다 외부 강사를 모실지, 내가 직접 말씀을 전할지를 두고 갈등을 겪는다. 왜냐하면 매일매일 새로운 설교를 준비하는 것이 나에게는 정말 고통스러운 일이기 때문이다. 그때 느끼는 긴장감과 압박감이 말도 못한다.

그러나 그 짧은 동안의 고뇌는 외부 강사를 모시는 대신에 내가 직접 말씀 전하는 것으로 매번 결론이 나곤 한다. 그리고 그 결정에 대한 대가 지불로 나는 초긴장 상태에 돌입하게 된다.

매일매일 그날 새벽예배가 끝나고 자리로 돌아가 앉으면 제일 먼저 떠오르는 생각이 "내일은 뭘 먹이지?" 하는 것이다. 설교를 준비하는 주기가 일주일 단위로 돌아가다가 하루 단위로 돌아가니 피가 마를 지경이다. 단 10분도 맘 편히 쉬지 못하고, 맘 놓고 누구를 만나지도 못한다. 아무것도 못한다. 공휴일이거나 말거나, 날씨가 맑거나 말거나 그저 하루 종일 책상에 붙어 앉아서 설교를 준비해야 한다. 그러자니 체력도 고갈되기 일쑤다.

하루는 특별새벽부흥회 기간에 저녁을 먹다가 우리 아이들에게 이런 푸념을 늘어놓았다.

"얘들아, 아빠 죽겠다. 아빠가 꼭 설교 준비하는 기계 같다. 아빠 삶이 이게 뭐냐?"

그러자 우리 큰 딸이 담담하게 이렇게 충고했다.

"아빠, 세상 사는 게 다 그런 거 아니에요? 저는 공부하는 기계고, 회사 다니는 사람은 회사 다니는 기계고, 아빠는 설교하는 기계고, 다 그런 거죠."

딸아이는 고3이다. 위로받고 싶은 아빠에게 위로는커녕 담담하게 충고하는 모습이 조금 얄밉기는 해도 그 말은 진리였다. 그 말에 정신이 번쩍 들어서 밥을 다 먹자마자 서재에 들어가 다시 설교 준비하는 데 열심을 냈다.

맞다. 그 말이 진리다. 하나님이 맡기신 일, 그것이 설교를 준비하는 일이라면 불평하지 말고 그 일을 하다가 죽을 사람처럼 준비하라는 것이다. 사실, 내가 조금 힘들어서 투덜거려 그렇지 이런 영광이 어디 있겠는가? 새벽마다 강단에서 주님의 말씀을 전하는 영광이 언제까지 계속되겠는가? 60세가 넘어가면 하고 싶어도 체력이 안 되어 못할 것이다. 또 하나님이 자리를 옮기시면 아무리 원해도 할 수 없다. 그러니 주어졌을 때 최선을 다하는 것이다. 할 수 있을 때까지 최선을 다하는 것이다. 내게 맡겨진 일에 최선을 다하면 하나님이 그곳에서 일하신다!

내가 행한 작은 일이 중대한 기준이 된다

룻은 시어머니를 공양하는 일, 그 보잘것없는 작은 일이 보아스를 만나는 통로가 될 줄은 꿈에도 생각하지 못했을 것이다.

보아스가 그에게 대답하여 이르되 네 남편이 죽은 후로 네가 시어머니에게 행한 모든 것과 네 부모와 고국을 떠나 전에 알지 못하던 백성에게로

온 일이 내게 분명히 알려졌느니라 롯 2:11

그러고 보면 이것이 주님이 일하시는 방법이다. 마태복음 25장에 양과 염소를 구분하시는 것에 대해 예수님이 뭐라고 말씀하시는가?

내가 주릴 때에 너희가 먹을 것을 주었고 목마를 때에 마시게 하였고 나그네 되었을 때에 영접하였고 헐벗었을 때에 옷을 입혔고 병들었을 때에 돌보았고 옥에 갇혔을 때에 와서 보았느니라 마 25:35,36

양과 염소를 가르는 것같이 중요하고 놀라운 일에 비해 그 기준으로 너무 사소한 것들만 열거되어 있는 것 아닌가? 나라를 구했다거나 엄청나게 많은 사람들을 구했다거나 하는 얘기는 하나도 없다. 그저 가난한 사람에게 물 한 잔 떠준 것, 우리 집에서는 안 입는 옷을 모아다가 어려운 사람에게 입게 한 것, 배고픈 사람에게 먹을 것을 나눠준 것들이 양과 염소를 구분하는 결정적인 기준이 되고 있다. 그런데 더 결정적인 말씀이 이어진다.

임금이 대답하여 이르시되 내가 진실로 너희에게 이르노니 너희가 여기 내 형제 중에 지극히 작은 자 하나에게 한 것이 곧 내게 한 것이니라 하시고 마 25:40

이처럼 하나님은 거창한 그 무엇이 아니라 '지극히 작은 자 하나'에게 행한 '지극히 작은 그 무엇'을 놓치지 않고 주목하는 분이시다. 이런 속성을 가진 하나님이시기에 우리는 내게 주어진 작은 일 하나하나에 깊은 영적 의미를 부여하며 최선을 다해야 한다.

하나님이 우리와는 근본적으로 차원이 다른 높은 생각을 가지고 계시다는 것을 늘 기억해야 한다. 그래야 내 생각대로 삶이 펼쳐지지 않을 때라도 하나님의 생각을 신뢰할 수 있다. 그리고 그 하나님은 우리가 낮은 곳으로 가기를 원하신다. 높은 곳, 화려한 곳이 아니라 이삭 줍는 자리까지, 가장 비천한 자리까지 내려가기를 원하신다. 그리고 낮아진 자리에서 원망하고 불평하는 것이 아니라 내게 주어진 작은 일에 최선을 다할 때, 우리가 행한 보잘것없는 일 하나가 하나님의 영광을 위해 쓰임받게 될 것이다.

이 사실을 기억하고 이런 은혜를 경험하는 우리 모두가 되기를 바란다. 하나님의 생각은 우리의 생각과 다르시다. 하나님의 길은 우리의 길보다 높으시다! 크신 하나님을 찬양하자!

우리의 슬픔이 변하여 춤이 되게 하시는 하나님을 누리자.

그러려면 하나님이 주관하시는 인생,

옆길로 가면 하나님이 괴롭히시는 인생,

기어이 그를 쳐서 원래의 자리로 되돌리시는

하나님의 일하심을 경험하는 인생이 되어야 한다.

하나님의 개입하심을 경험하고 누림으로

그분을 찬양하는 우리 모두가 되기를 바란다.

기쁨의 자리,

하나님이 채우신다

PART 3

<u>19</u> 이에 그 두 사람이 베들레헴까지 갔더라 베들레헴에 이를 때에 온 성읍이 그들로 말미암아 떠들며 이르기를 이이가 나오미냐 하는지라 <u>20</u> 나오미가 그들에게 이르되 나를 나오미라 부르지 말고 나를 마라라 부르라 이는 전능자가 나를 심히 괴롭게 하셨음이니라 <u>21</u> 내가 풍족하게 나갔더니 여호와께서 내게 비어 돌아오게 하셨느니라 여호와께서 나를 징벌하셨고 전능자가 나를 괴롭게 하셨거늘 너희가 어찌 나를 나오미라 부르느냐 하니라 <u>22</u> 나오미가 모압 지방에서 그의 며느리 모압 여인 룻과 함께 돌아왔는데 그들이 보리 추수 시작할 때에 베들레헴에 이르렀더라

괴로움이 변하여
기쁨이 되었다

chapter 7

생명력에 대한 믿음

《마음 청진기》(문요한, 해냄출판사)라는 책이 있다. 저자가 정신과 의사
인데, 간혹 이런 질문을 받는다고 한다.

"힘든 사람들의 이야기만 듣다보면 힘들지 않습니까?"

그는 당연히 힘들 때도 있지만 그보다는 환자가 치유되고 변화되어
이전보다 성장하는 모습을 보면서 마음에 보람과 기쁨을 느낄 때가
더 많다고 답한다. 그러면서 자신이 정신과 의사가 되고 나서 얻게 된
가장 소중하고 값진 것이 우리 안에 내재된 생명력에 대한 믿음을 갖
게 된 것이라고 소개한다.

그 말이 참 인상적으로 다가와서 따로 옮겨 적어두었다.

"우리 안에 내재된 생명력에 대한 믿음을 갖게 된 것!"

이것이야말로 목사인 나와 예수 믿는 우리 모두가 믿어야 할 사실이 아닌가 생각된다. 저자는 이렇게 덧붙인다.

"무서운 화마(火魔)가 휩쓸어 재만 남은 산야에도 다시 수목이 자라고, 방사능 유출로 오염된 도시에서도 다시 꽃이 피어나며, 기름으로 뒤덮였던 바다도 스스로 정화되는 것처럼 우리에게도 자연 치유와 자기 정화의 원천적 생명력이 있다."

나는 이 말에 100퍼센트 공감한다. 왜냐하면 우리를 회복시키시는 하나님을 믿기 때문이다.

고통의 고백

룻기에 나오는 나오미도 마찬가지이다. 그녀는 남편 엘리멜렉의 현실 도피, 모압으로의 궤도 이탈과 같은 잘못된 판단으로 남편과 두 자녀를 잃었다. 그야말로 모든 것이 다 날아가버리는 절망을 경험한 여인이 바로 나오미이다. 그 과정에서 엄청난 상처와 좌절을 경험했음이 나오미의 말 속에서 뚝뚝 묻어난다.

나오미가 그들에게 이르되 나를 나오미라 부르지 말고 나를 마라라 부르라 이는 전능자가 나를 심히 괴롭게 하셨음이니라 내가 풍족하게 나갔더니 여호와께서 내게 비어 돌아오게 하셨느니라 여호와께서 나를 징벌하셨고 전능자가 나를 괴롭게 하셨거늘 너희가 어찌 나를 나오미라 부르느냐 하니라 룻 1:20,21

나오미가 10년 만에 궤도를 이탈하여 도망갔던 모압에서 떠나 다시 베들레헴으로 돌아오자 많은 사람들이 그녀를 축복하고 격려해주었다. 그런 사람들에게 나오미는 이렇게 말했다.

"나를 나오미라 부르지 말라. 마라라 불러라."

나오미는 '기쁨'이란 뜻의 좋은 이름인데 더 이상 그 이름으로 자신을 부르지 말아달라는 것이다. 대신에 '괴로움' 혹은 '슬픔'이라는 뜻의 '마라'라는 이름으로 부르라고 한다. 나오미의 상한 마음이 절절히 느껴진다. 그 내면의 상처가 이렇게 절망적인 말을 쏟아내게 만든 것이다.

이 부분을 주석한 여러 책과 자료들을 보니 나오미의 이 말에 대해 긍정적인 평가도 있고 부정적인 평가도 있었다. 부정적으로 평가하는 내용은 이렇다.

"나오미는 더 이상 고통의 모압에 거하는 것이 아니라 희망의 베들레헴으로 옮겨왔다. 그러나 하나님이 그녀를 다시 희망의 베들레헴으로 옮기셨는데도 불구하고 나오미의 마음은 여전히 고통의 모압에 머물러 있다. 소위 말하는 '모압 콤플렉스' 때문에 하나님의 인도하심을 누리지 못하고 이렇게 절망적으로 말하는 것이다."

부분적으로 보면 일리가 있는 분석이다. 하지만 종합적으로 생각해 볼 때 나는 그 분석에 동의할 수 없었다. 왜냐하면 인간은 컴퓨터의 USB나 디스켓하고는 다른 존재이기 때문이다. USB만 갈아 끼우면 금세 슬픔이 기쁨으로 바뀌는 것이 아니다. 고통의 모압 땅을 떠나기는 했지만 여전히 그 땅에서 상하고 찢긴 마음으로 아파하는 것이 인간이다. 어떻게 보면 본문에 고백된 나오미의 마음은 찢긴 마음이 치유되어가는 중에 반드시 거쳐야 할 과정이라고 생각한다.

가난한 마음에 임하는 회복

나오미의 절망적인 신음소리를 긍정적으로 보는 이유가 또 있다. 나오미의 부정적인 자기 인식이 영적으로는 의미 있는 일이기 때문이다. 그 의미를 두 가지로 정리해보았다.

첫째, 자신의 연약함에 대한 나오미의 아픈 고백이 장차 그녀가 누리게 될 하나님의 치유하심에 유익하다는 것이다. 주님은 이렇게 말씀하신다.

심령이 가난한 자는 복이 있나니 천국이 그들의 것임이요 마 5:3

헬라어에서 가난을 뜻하는 단어들 중에 '페네스'(Penes)와 '프토코스'(Ptochos)라는 단어가 있다. '페네스'는 여유가 없는 가난, 즉 하루 벌어서 하루 먹고 사는 가난을 말한다. 오늘 노동을 하지 않으면 내일을 살아가기 어렵다는 말이다. '페네스'의 가난도 비참하지만 이보다더 비참한 것이 '프토코스'이다. '프토코스'는 누군가 도와주지 않으면 해결할 수 없는, 누군가 일으켜 세워주지 않으면 일어설 수 없는 절체절명(絶體絶命)의 가난을 뜻한다.

놀랍게도 마태복음 5장 3절에서 예수님이 말씀하시는 가난은 '페네스'가 아니라 '프토코스'이다. 우리가 그 정도로 절박하고 간절한 마음으로 하나님을 찾는다면, 그 가난한 마음이 하나님을 찾는 통로로 사용된다면 복되다는 것이다.

그리고 보면 오늘을 사는 우리는 마음도 부요하고 몸도 부요하고 경제도 부요해서 오히려 영혼은 가난해진 것이 아닌가 생각된다. 다윗이 쓴 시 중에 하나님 앞에서 그의 가난한 마음을 노래한 시가 있다.

나는 가난하고 궁핍하오나 주께서는 나를 생각하시오니 주는 나의 도움이시요 나를 건지시는 이시라 나의 하나님이여 지체하지 마소서 시 40:17

다윗이 자신의 가난과 궁핍을 노래하고 있는 이 시의 배경이 놀랍다. 이 시는 사울 왕이 길보아 전투에서 패해 목숨을 잃는 사건이 일어난 다음에 쓰였다. 그토록 집요하게 자기를 죽이려던 원수가 죽었다. 인생의 안개가 걷히고 이제 자신의 시대가 도래하는 상황이었다.

하지만 그토록 가슴 벅찬 상황 앞에서 그는 "그럼에도 불구하고 나는 여전히 하나님 앞에서 가난한 존재입니다. 나는 여전히 하나님의 도우심과 건져주시는 은혜가 없이는 살 수 없는 존재입니다"라고 노래한다.

우리에게는 이런 마음이 결핍되어 있다. 교회를 개척하고 성도들이 몇 명밖에 없을 때는 너무나 절박하게 하나님께 매달려 "나를 도우소서, 나를 도우소서"라고 기도하다가, 성도가 좀 모이고 교회가 커지기 시작하면 언제 그랬냐는 듯이 목에 힘이 들어가는 게 인간의 본능이다. 사업이 잘 안될 때는 눈물로 기도하다가도 사업이 좀 풀리면 언제 그랬냐는 듯이 변하는 것이 인간이다. 대입수능시험이 다가오면 시험 전날까지는 교회 예배당이 가득 찬다. 그러다가 수능시험이 끝나면 그 다음날로 싹 빠져나간다. 정말 기가 막힌 일이다. 그 가난한 마음은 다 어디로 가버렸는가?

우리는 다윗의 마음을 배워야 한다. 하나님이 우리에게 원하시는 것이 이 가난한 마음이다. 그렇기 때문에 나오미가 가졌던 가난한 마음은 그 영혼을 위해서 결코 나쁜 것이 아니었다. 마이클 호튼(Michael Horton)이 쓴 《약함의 자리》에도 비슷한 내용이 나온다.

"우리의 약함은 하나님께서 당신의 능력을 보여줄 수 있는 기회가 된다."

정말 멋진 말이다. 이런 측면에서 본다면 나오미의 처절한 자기선언, 자신의 절망적인 상황에 대한 고백은 하나님의 은혜를 누릴 사람들이 반드시 가져야 하는 가난한 마음, '프토코스'의 상태이다. 그렇기 때문에 나오미의 처절함이 귀한 것이다.

죄를 고백하는 자에게 임하는 회복

둘째, 나오미의 고백이 귀한 까닭은 그토록 비참한 자리에 빠진 이유가 자신의 잘못과 죄의 결과라고 보기 때문이다.

> 내가 풍족하게 나갔더니 여호와께서 내게 비어 돌아오게 하셨느니라 여호와께서 나를 징벌하셨고 룻 1:21

나오미는 자신의 범죄함으로 인해 하나님의 징계를 받고 있다고 고백한다. 하지만 내막을 살펴보면 사실 그건 나오미의 잘못이 아니다.

> 사사들이 치리하던 때에 그 땅에 흉년이 드니라 유다 베들레헴에 한 사람이 그의 아내와 두 아들을 데리고 모압 지방에 가서 거류하였는데 그 사람의 이름은 엘리멜렉이요 룻 1:1,2

궤도 이탈의 주도자는 나오미가 아니라 남편 엘리멜렉이다. 그녀는 남편이 가자고 하니까 따라간 것뿐이다. 이런 상황이라면 얼마든지 남편에게 책임을 전가할 수도 있었지만 나오미는 그렇게 하지 않았다.

오늘날 우리의 가정은 어떤가? 온갖 책임전가가 넘쳐난다. 모든 일이 '당신' 때문이다. 예배에 늦은 것도 당신 때문, 아이가 방황하는 것도 당신 때문, 자신이 결혼하고 이렇게 변해버린 것도 당신을 만났기 때문이다. 이처럼 가정과 교회와 사회에서 책임전가가 넘쳐나고 있다.

책임전가는 아담과 하와가 범죄한 이후 제일 먼저 나타난 타락의 열매이다(창 3:12,13). 이런 책임전가는 영혼의 회복에 전혀 도움이 안 된다. 오히려 나오미와 같이 하나님 앞에서 자기의 죄를 고백하는 자가 회복을 꿈꿀 수 있다. 나오미의 태도를 긍정적으로 생각하는 이유가 여기에 있다.

우리 역시 타락의 첫 열매인 책임전가를 입에 달고 살 것이 아니라 나오미처럼 "그것은 내 죄입니다. 내 죄 때문에 이런 결과를 당하고 있습니다"라고 자신의 죄를 고백하며 하나님 앞에서 회복을 꿈꾸는 자들이 되어야 한다.

회복의 절대 필요 요소

장차 나오미는 하나님 앞에서 엄청난 회복과 은혜를 누리게 된다. 그러나 우리가 반드시 기억해야 할 것이 있다. 나오미가 회복을 누리게 된 것이 그녀의 행동 때문은 아니라는 것이다. 물론 나오미의 태도는 귀하다. 그러나 나오미의 치유와 회복에 대한 결정적인 열쇠는 하나님이 쥐고 계신다. 그것은 하나님의 주권이자 자격 없는 자에게 베푸시는 하나님의 놀라운 은혜이다.

그렇다면 하나님이 절망적인 상황에 처해 있던 나오미에게 어떤 은혜를 주셨는지 살펴보자. 하나님은 나오미가 다시 회복의 자리로 돌아올 수 있도록 회복을 위해 절대적으로 필요한 두 가지의 요소를 준비해두셨다.

첫 번째 요소, 사람들을 예비하신 은혜

먼저, 하나님은 나오미를 인격적으로 축복해줄 좋은 사람들을 허락해주셨다.

> 이에 그 두 사람이 베들레헴까지 갔더라 베들레헴에 이를 때에 온 성읍이 그들로 말미암아 떠들며 이르기를 이이가 나오미냐 하는지라 룻 1:19

구약학자 김지찬 교수님이 쓴 주해를 보면, 여기에 나오는 '떠들다'라는 표현은 원어로 '기쁜 마음으로 외치는 소리'를 의미한다고 한다.

10년 만에 고향으로 돌아온 나오미는 금의환향한 것이 아니라 비참한 상태로 돌아왔다. 그럼에도 불구하고 주변 사람들은 고향으로 돌아온 나오미를 반가워하고 기뻐하며 환영하고 축복해주었다. 후에 룻이 보아스와 결혼하여 아기를 낳았을 때도 주변 사람들은 마치 자기 일처럼 기뻐하고 축복해주었다. 정말 아름다운 공동체의 모습이다.

> 여인들이 나오미에게 이르되 찬송할지로다 여호와께서 오늘 네게 기업 무를 자가 없게 하지 아니하셨도다 이 아이의 이름이 이스라엘 중에 유명하게 되기를 원하노라 … 그의 이웃 여인들이 그에게 이름을 지어주되 나오미에게 아들이 태어났다 하여 그의 이름을 오벳이라 하였는데 그는 다윗의 아버지인 이새의 아버지였더라 룻 4:14,17

룻기의 배경이 되는 사사 시대는 하나님을 마음에서 몰아냈던 시대요, 왕이 없던 시대로 사람들은 모두 자기 소견에 옳은 대로 행했다. 그렇다 보니 다른 사람에 대해 몰인정하고 무자비하며 자기의 욕망을 위해서라면 사람을 죽이는 일도 서슴지 않고 행하던 삭막한 시대였다. 그런 사회 안에도 이렇게 아름다운 공동체가 있었다.

나는 교회들이 이런 공동체가 되기를 바란다. 사회는 점점 더 살기 힘들고 삭막해지며 이기적으로 변해가고 있지만 하나님의 사람들이 모인 교회만큼은 서로를 진심으로 기뻐해주고 위로해주며 축복해주는 공동체, 세상에 빛을 비추는 아름다운 공동체가 되길 바란다.

분당우리교회를 개척할 때 내걸었던 슬로건이 있다.

"함께 울고 함께 웃는 분당우리교회."

그 슬로건 아래 벌인 운동이 개인적으로는 잘 모르는 사이일지라도 성도의 장례에 함께 참석하여 같이 울어주는 것이었다. 이런 정신으로 슬픔을 당한 이웃을 섬기고 있는 경조부가 이제는 정식 멤버 575명, 장례 참석 캠페인에 동참한 성도들은 천 명이 넘는 부서로 성장했다. 거의 2천 명에 가까운 성도들이 함께 울고 함께 웃는 일에 동참하고 있다.

분당우리교회에서 매년 진행하고 있는 전도 축제인 '새생명축제'도 마찬가지이다. 초청되어 오신 분들이 자리에 앉자마자 하나님의 음성을 들을 수 있다면 좋겠지만, 그런 일은 잘 일어나지 않는다. 그래서 초청되어 오신 분들이 교회 공동체의 따뜻함을 느낄 수 있기를 바라는 마음에 많은 분들이 최선을 다해 섬기고 있다. "함께 울고 함께 웃는 사랑의 공동체", 우리 교회가 반드시 회복해야 할 공동체의 모습이다.

두 번째 요소, 견인해주시는 은혜

두 번째로 하나님은 나오미에게 견인해주시는 하나님의 인도하심을 누리게 하셨다.

　나오미가 궤도를 이탈해 엉뚱한 땅 모압에서 고통당하고 있을 때, 하나님은 "슈브, 슈브, 슈브, 돌아오라, 돌아오라, 돌아오라"는 사랑의 메시지를 끊임없이 들려주셨다. 나오미의 회복은 하나님의 사랑의 슈브 소리가 들려지는 것에서 출발했다.

　일이 잘 안 풀리는 것 같고, 인생이 허무하고, 가을만 되면 괜히 울적해지면서 이상한 생각이 드는 것은 영혼이 허해서 그런 것이다. 그럴 때는 보약을 지어 먹는다고 해결되는 것이 아니라 "슈브, 슈브, 슈브" 하시는 하나님의 음성이 들려야 한다.

　그 여인이 모압 지방에서 여호와께서 자기 백성을 돌보시사 그들에게 양식을 주셨다 함을 듣고 이에 두 며느리와 함께 일어나 모압 지방에서 돌아오려 하여 룻 1:6

　남편과 아들을 잃은 나오미에게 들려진 말이 무엇이었는가? "여호와께서 자기 백성을 돌보시사"라는 소식이었다. 여기 나오는 '돌보시사'의 원어는 '방문하여'라는 뜻이다. 즉, 하나님이 그들의 삶을 돌아보시고 그들의 삶에 개입하신다는 것이다. 그들의 삶 속에 하나님의 개입하심이 있었기 때문에, 또 나오미가 자기 인생에 개입하신 하나님의 은혜를 누렸기 때문에 회복이 일어났다.

이런 맥락에서 20절에 기록된 나오미의 처절한 고백은 부정적인 말이 아니란 것을 알 수 있다. 한번 생각해보자. 나오미는 10년 동안 하나님을 떠나 있었다. 궤도를 이탈해 있었다. 그렇게 하나님을 떠났던 10년 동안 하나님이 한 번도 그녀의 삶에 개입하지 않으셨다면 나오미는 하나님의 사람이 아니다. 그런데 나오미는 하나님이 자신을 괴롭히신다고 고백한다. '하나님의 괴롭히심'이 있다는 것은 그녀가 하나님의 간섭과 개입의 은혜를 받고 있었다는 반증이다.

요나도 마찬가지이다. 하나님이 요나에게 니느웨로 가서 복음을 전하라고 하셨을 때 그는 반항했다. 그래서 정반대의 길, 다시스로 가는 배를 탔다. 그러자 하나님의 괴롭히심이 시작되었다. 하나님은 요나가 탄 배를 흔드셨다. 얼마나 집요하게 괴롭히셨는지 절망 상태로 바다에 던져지는 지경에까지 이르렀다.

인간적으로 보면 정말 재수 없는 일이지만 영안을 열고 보면 하나님의 괴롭히심이다. 그로 인해 고통스러웠을지라도 그것이 요나를 회복시킨 계기가 되었다. 우리 역시 인생의 궤도를 이탈할 때마다 우리를 괴롭히시는 하나님의 은혜가 있기를 바란다. 물론 이런 은혜는 차라리 받지 않는 것이 낫겠다고 손사래를 치는 분들이 많겠지만, 우격다짐으로라도 받아야 하는 복이다.

최근에 분당우리교회에서는 '전 교인 간증쓰기 운동'을 펼치고 있다. 하나님이 주신 은혜를 기억하며 간증을 쓰고 나눔으로써 얻는 유익이 크기 때문이다. 그런데 성도들의 간증에 공통점이 있음을 발견한다. 하나같이 하나님의 괴롭히심에 대한 경험을 나누고 있다는 것이다. 또 하나의 공통점은 모두 하나님의 괴롭히심을 '견인해주시는 하나님의 슈브 소리'로 해석하고 있다는 것이다. 우리에게도 이런 믿음이 필요하다. 하나님의 괴롭히심을 '돌아오라, 돌아오라' 하고 부르시는 그분의 사랑의 메시지로 해석하는 능력이 필요하다.

기쁨의 근원을 회복하라

우리가 이 같은 사실을 인식하고 나면 데살로니가전서 5장 16절의 복을 누리게 된다. 이 구절에는 짧은 권면이 나온다.

항상 기뻐하라 살전 5:16

예전에 중고등부 수련회에 가면 꼭 성경을 한 구절씩 외워야 밥을 먹을 수 있었다. 그때 정말 사랑했던 말씀이 바로 이 말씀이다. 따로 외울 필요가 없었기 때문이다. 그런데 이 짧은 말씀 속에 얼마나 깊은 의미가 담겨 있는지 그때는 미처 몰랐다. 조건적인 기쁨은 일주일도 안 간다. 집을 샀다거나, 차를 큰 차로 바꿨다거나, 월급이 올랐다거나 했을 때 느끼는 기쁨으로는 항상 기뻐할 수 없다. 그러면 어떻게 항상 기뻐할 수 있단 말인가?

이 구절에 대한 칼럼을 본 적이 있다. 이 구절에 나오는 '기뻐하다'는 헬라어로 '카이로', 히브리어로는 '사메아흐'인데, '자긍심, 당당함'이란 뜻을 내포하고 있다고 한다. 그렇다면 우리가 항상 기뻐할 수 있는 근거는 우리가 하나님의 자녀 됨으로써 받는 긍지, 하나님의 자녀 됨으로써 갖게 되는 당당함이라는 것이다. 그 긍지와 당당함을 인식하고 회복할 때 "항상 기뻐하라"는 말씀을 구현할 수 있게 된다.

일시적으로 경제적인 어려움을 겪고, 질병으로 육체적 고통을 겪는다 할지라도, 여러 가지 어려움을 만난다 할지라도 근본적으로 내가 하나님의 자녀 된 신분이고, 하나님이 내 인생에 개입하시며 나를 돌보신다는 하나님 자녀로서의 당당함이 있을 때 항상 기뻐할 수 있다. 그 기쁨을 날마다 맛보는 신앙생활을 하게 되기를 바란다.

나는 최근에 내 마음을 깊이 감동시키는 두 분을 만났다. 한 분은 분당우리교회의 특별새벽부흥회를 탐방하고 은혜도 누리기 위하여 시카고에서 한국까지 오신 목사님이다. 그 열심이 너무 인상적이어서, 하루는 새벽기도를 마치고 콩나물국밥을 아침으로 대접했다. 식사를 하며 이런저런 대화를 나누었는데, 분당우리교회 성도들이 새벽부터 은혜를 누리고 눈물 콧물을 흘려가며 기도하는 모습을 보고 충격을 받았다고 했다. 그러면서 자신과 같이 부족한 자를 목사로 둔 교회의 성도들이 너무 불쌍하다는 것이다.

그 말이 내 귀에는 너무나 겸손하고 귀하게 들렸다. 그동안 강퍅한 성도를 만난 자신의 인생이 불쌍하다고 말하는 목사님들을 본 적은 있지만, 낯선 목사 앞에서 자기의 연약함을 고백하는 목사님은 처음 만났다. 마음이 찡했다.

한국 교회에 타락하고 변질된 목사만 있는 것이 아니다. 이처럼 자신의 무능함을 겸손히 시인하고 그런 자신의 연약함에 대해 괴로워하면서 자기에게 맡겨진 영역에서 이름도 없이, 빛도 없이 진실하게 목회하는 분들이 이 땅에 얼마나 많은지 모른다. 그날 그 분과 식사를 하면서 정말 감사한 마음이 들었다.

또 한 분은 우리 교회 성도이다. 초신자인 그 분은 나름 유명한 영화감독이기도 하다. 특별새벽부흥회가 진행되던 중에 그 분에게서 이메일을 받았다.

"사실 며칠동안 큰 갈등과 고민을 했습니다. 목사님, 혹시 〈부산국제영화제〉라고 들어보셨는지요? 영화인이라면 너나없이 참석하길 원하고 동경하는 세계적인 큰 행사입니다. 더군다나 일반 들러리 게스트가 아니고 자기 작품을 가지고 참여하는 VIP로 초대가 되면 특급호텔에, 의전에, 파티에 그야말로 폼 나고 끝내주는 자리가 되는 것이죠. 그래서 다들 자기작품을 가지고 참석하려고 애를 씁니다. 다행히 저는 이미 오래전에 초대되었고, 이참에 아내에게 부산 구경도 실컷 시켜줄 겸 같이 가자고 잔

뚝 자랑도 해놓고는 한참 들떠 있었습니다. 그런데 깜짝 놀랐습니다. 그 날이 특새 날짜와 딱 겹치는 게 아닙니까?"

이것이 초신자가 고민하고 갈등할 내용인가? VIP로 초청받았으면 초신자 아니라 묵은 신자(?)라도 당연히 가겠다고 할 자리를 초신자가 특새를 두고 갈등을 한단 말인가. 그 분은 계속해서 이렇게 쓰고 있었다.

"저희는 큰 고민 없이 특새를 선택했습니다. 그건 너무 당연한 거니까요. 그런데 고민은 그게 끝이 아니었습니다. 돌아오는 배급사 주간 행사는 꼭 참석해야 한다며 거절하기 곤란한 연락이 온 것입니다. 그나마 다행스럽게도 그날이 토요일이라 특새 마치고 바로 가면 일요일 예배 전까지는 충분히 돌아오겠다 싶어서 가겠다고 쿨하게 대답했지요. 하지만 쿨하기는커녕 그때부터 엄청난 고민이 시작되었습니다."

결정은 그렇게 했지만, 그것이 하나님의 뜻인지를 두고 고민이 계속되었다는 것이다. 밤늦게까지 고민을 하다가 특새에 참석했는데, 그 분 말에 의하면 그날 아침에 내가 이렇게 설교했다고 한다.

"여러분, 여러분 생애에 단 한 번만이라도 하나님 때문에 뭘 포기해본 적이 있습니까?"

이 설교를 들으면서 그 분은 '이건 하나님의 음성이다!'라고 생각하고 그 제안마저 포기했다는 것이다. 그 메일을 다 읽고는 너무 안타까워서 그 분에게 급하게 답 메일을 보냈다.

"급히 몇 자 적습니다. 제 생각에는 부산영화제 다녀오시면 좋겠습니다. 이미 형제님의 중심을 하나님께서 아시니까 특새 현장에 있으나 부산 영화제에 있으나 같은 마음으로 하나님께서 받으실 것입니다. 그러니 꼭 다녀오세요."

그렇게 권하고는 혹시나 메일을 안 읽을까봐 전화까지 걸었다. 나는 마음이 급해서 그 귀한 자리에 왜 안 가느냐고, 가는 것이 좋겠다고 하는데, 정작 이분은 느긋하게 전화를 받으면서 "목사님, 이미 안 가기로 마음에 결정했습니다"라는 것이다. 나는 계속해서 지금이라도 생각을 바꾸고 가시라 하고, 그 분은 계속해서 안 가겠다고 하며 한참 대화를 나누었다. 도대체 누가 목사고, 누가 초신자인지 헷갈릴 일이다. 그렇게 그 분과 통화를 하고 나서 번뜩 드는 생각이 있었다.

'아, 하나님이 묵은 신자 이찬수 목사를 각성시키기 위해서 초신자인 그 분을 보내주셨구나!'

그 분은 똑똑하고 유능한 사람이다. 무턱대고 자신의 일을 결정한 것이 아니다. 예수 믿은 지 얼마 안 되었지만 그 짧은 기간 안에도 하나님이 그의 인생에 개입하셔서 일하시니까 분명한 증거를 마음에 품게 되어 우선순위를 바꾸는 삶을 살게 된 것이다.

나는 정말 우리의 삶이 잘되기를 바란다. 우리 성도들의 삶이 잘되기를 바라고, 한국 교회 모든 성도들의 삶이 잘되기를 바란다. 그래서 나는 이 말씀이 우리 모두의 인생에 구현되기를 바란다.

여호와여 들으시고 내게 은혜를 베푸소서 여호와여 나를 돕는 자가 되소서 하였나이다 주께서 나의 슬픔이 변하여 내게 춤이 되게 하시며 나의 베옷을 벗기고 기쁨으로 띠 띠우셨나이다 시 30:10,11

우리의 슬픔이 변하여 춤이 되게 하시는 하나님을 누리자. 슬픔의 상징인 베옷을 집어 던지게 하시는 하나님, 기쁨으로 띠 띠우시는 하나님을 누리는 인생이 되기를 진심으로 바란다.

그러려면 하나님이 주관하시는 인생, 옆길로 가면 하나님이 괴롭히시는 인생, 기어이 그를 쳐서 원래의 자리로 되돌리시는 하나님의 일하심을 경험하는 인생이 되어야 한다. 하나님의 개입하심을 경험하고 누림으로 그분을 찬양하는 우리 모두가 되기를 바란다. 그 은혜와 기쁨을 가지고 다른 누군가에게 손을 내밀 수 있는 복음의 전도자들이 되기를 바란다.

8 보아스가 룻에게 이르되 내 딸아 들으라 이삭을 주우러 다른 밭으로 가지 말며 여기서 떠나지 말고 나의 소녀들과 함께 있으라 9 그들이 베는 밭을 보고 그들을 따르라 내가 그 소년들에게 명령하여 너를 건드리지 말라 하였느니라 목이 마르거든 그릇에 가서 소년들이 길어온 것을 마실지니라 하는지라 10 룻이 엎드려 얼굴을 땅에 대고 절하며 그에게 이르되 나는 이방 여인이거늘 당신이 어찌하여 내게 은혜를 베푸시며 나를 돌보시나이까 하니 11 보아스가 그에게 대답하여 이르되 네 남편이 죽은 후로 네가 시어머니에게 행한 모든 것과 네 부모와 고국을 떠나 전에 알지 못하던 백성에게로 온 일이 내게 분명히 알려졌느니라 12 여호와께서 네가 행한 일에 보답하시기를 원하며 이스라엘의 하나님 여호와께서 그의 날개 아래에 보호를 받으러 온 네게 온전한 상 주시기를 원하노라 하는지라 13 룻이 이르되 내 주여 내가 당신께 은혜 입기를 원하나이다 나는 당신의 하녀 중의 하나와도 같지 못하오나 당신이 이 하녀를 위로하시고 마음을 기쁘게 하는 말씀을 하셨나이다 하니라

하나님 은혜를 입은 사람은
막을 수 없다

chapter 8

은혜의 전달

롯기 2장에서 롯과 관련된 묘사 중에 '은혜'라는 단어가 세 번이나 사용된다.

> 모압 여인 룻이 나오미에게 이르되 원하건대 내가 밭으로 가서 내가 누구에게 '은혜'를 입으면 그를 따라서 이삭을 줍겠나이다 하니 _룻 2:2_

> 룻이 엎드려 얼굴을 땅에 대고 절하며 그에게 이르되 나는 이방 여인이거늘 당신이 어찌하여 내게 '은혜'를 베푸시며 나를 돌보시나이까 하니 _룻 2:10_

룻이 이르되 내 주여 내가 당신께 '은혜' 입기를 원하나이다 룻 2:13

여기 나오는 '은혜'의 원어는 '헨'이다. 세 군데 모두 같은 단어가 사용되었는데, 성경에서 이 단어는 창세기 6장에 가장 먼저 등장한다.

그러나 노아는 여호와께 '은혜'(헨)를 입었더라 창 6:8

이것을 보면서 묘한 감동을 느꼈다. '헨', 즉 '은혜'의 원형(original)은 하나님으로부터 나온다. 노아는 하나님께 이 은혜를 받았다. 그런데 룻은 보아스를 비롯해 하나같이 사람들에게서 은혜를 받았다. 영어성경에서는 '은혜', 곧 '헨'을 '호의'를 뜻하는 'favor'로 표현했다.

우리가 하나님 앞에서 누리는 모든 은혜는 근본적으로 하나님으로부터 받는 것이다. 그런데 그 은혜는 주변 사람으로부터 호의와 배려를 받는 것을 통해 전해진다. 따라서 우리는 하나님의 은혜를 더 풍성히 받기를 사모하되, 주변 사람에게 호의와 배려를 베풂으로 받은 은혜를 전달하는 자가 되어야 한다. 하나님의 은혜는 그렇게 퍼져나간다.

'우연히'와 '마침'의 은혜

룻기 2장을 통해 '은혜'에 대해 더 살펴보고자 한다. 첫째로, 룻이 누린 은혜는 근본적으로 하나님에게서 받은 은혜이다.

> 룻이 가서 베는 자를 따라 밭에서 이삭을 줍는데 우연히 엘리멜렉의 친족 보아스에게 속한 밭에 이르렀더라 마침 보아스가 베들레헴에서부터 와서 베는 자들에게 이르되 여호와께서 너희와 함께하시기를 원하노라 하니 그들이 대답하되 여호와께서 당신에게 복 주시기를 원하나이다 하니라 룻 2:3,4

이 말씀에서 룻이 하나님께 받았던 은혜가 '우연히'와 '마침'이라는 표현으로 정리되는 것을 볼 수 있다. 룻이 '우연히' 보아스에게 속한 밭에 가서 일하게 되었고, '마침' 그때 보아스가 밭에 와서 룻을 보게 되었다. 그 '우연히'와 '마침'의 조합이 룻이 보아스의 배려와 호의를 받는 '은혜'로 이어졌다.

그러고 보면 우리의 삶 속에도 이 '우연히'와 '마침'이 조합을 이루어 누리게 되는 은혜가 얼마나 많은지 모른다. 나는 이 '우연히'와 '마침'의 은혜에 대해 묵상하며 정리하다가 2002년도에 받았던 감동을 다시 한 번 경험했다.

2002년 5월 8일, 분당우리교회가 송림중고등학교에서 창립예배를 드렸다. 어느 날, 옥한흠 목사님이 내게 교회를 개척하라고 하셔서 어떤 계획이 있던 것도, 대책이 있던 것도 아니지만 '우연히' 분당에서 교회를 시작하기로 했다. 그런데 바로 그 즈음 분당구 야탑동에 있던 송림중고등학교가 이매동으로 옮겨왔다. 분당우리교회를 배려하고 우리 교회가 강당이 필요하다는 사실을 알고 옮긴 것이 아니다. '우연히' 옮겼다. 이것이 첫 번째 '우연히'이다.

그 무렵 나는 분당에서 개척할 장소를 물색하다가 정자동에서 작은 상가 건물을 발견하고는 바로 임대 계약을 했다. 공간을 리모델링 해줄 업체까지 선정하는 등 일은 순조롭게 진행되었다. 그러다 갑자기 문제가 생겼다. 인근에 있던 어떤 교회의 목사님이 "이찬수 목사가 개척하는 교회는 절대로 이곳에 못 들어옵니다"라며 막는 것이었다.

나는 깊은 고민에 빠졌다. 그러다 그곳을 포기하기로 결단했다. 이제 막 교회를 개척하여 첫 출발하려는 젊은 목사가 이웃 교회와의 분쟁으로 교회를 시작할 수는 없었기 때문이다. 이것이 교회를 개척하는 과정에서 내가 만난 두 번째 '우연히'이다.

상황이 이러니 예배 장소를 구하지 못한 나는 추운 겨울날 꽤 오랜 시간을 마음고생하며 이곳저곳을 배회했다. 그때 전화가 한 통 왔다.

"목사님, 교회 장소를 못 찾아서 고생하신다면서요?"

그러면서 송림중고등학교를 소개해주었다. 세 번째 '우연히'였다. 이렇게 분당우리교회는 몇 번에 걸친 '우연히'의 조합으로 하나님의 은혜를 누리며 첫 출발을 하게 되었다.

하나님 자녀에게 '우연'은 없다

그렇기 때문에 사실 하나님의 자녀인 예수 믿는 우리에게 '우연'이라는 것은 없다. 나의 무지함으로 엉뚱한 곳을 헤맸지만, 여러 차례의 '우연히'가 조합을 이루어 '마침'이라는 하나님의 은혜가 열매로 나타난 것이다. 그렇게 지난 11년 동안 분당우리교회가 누린 하나님의 은혜가 얼마나 놀라운지 모른다. 지금까지 받고 누린 많은 복들을 생각하면 마음에서 감사가 절로 흘러나온다.

되돌아보면 내 인생에도 '우연히'와 '마침'이 정말 많았다. 한국에 와서 목사가 되는 과정도, 결혼도 마찬가지였다. 서른셋까지 결혼을 못 해서 마음고생을 많이 했는데, 우연히 사랑의교회에서 사역하게 되었고, 그곳에서 옥한흠 목사님을 만났고, 마침 유아부 교사로 있던 자매를 소개받게 되었다. 나는 결혼을 하려고 사랑의교회에 간 것이 아니었다. 그러나 몇 번의 '우연히'와 '마침'의 조합으로 자매를 만난 지 두 달 반만에 결혼에 골인하게 되었다.

우리의 삶 속에서 하나님의 은혜는 이런 식으로 역사한다. 나오미와 룻이 "지금쯤 출발해야 이삭을 주울 수 있는 추수기에 베들레헴에 도착할 수 있어"라고 계산하고 모압을 떠난 것이 아니다. 그들은 우연히 그때 출발했다. 그냥 그렇게 출발하고 보니 마침 베들레헴이 추수기였고, 이삭을 마음껏 주울 수 있는 환경과 여건이 조성된 것이다.

우리의 삶 속에도 수많은 '우연히'들이 모여서 '마침'이라는 하나님의 은혜로 열매 맺어진 것들이 얼마나 많은지, 지난날들을 돌아보며 점검해보는 시간을 가져보길 바란다. 오늘의 나 된 것은 다 하나님의 은혜이다!

하나님의 은혜는 사람의 호의로 열매 맺힌다

둘째로, 근본적으로 하나님이 주신 은혜, '헨'의 열매는 주변 사람들에게서 받고 베푸는 '호의'로 주어진다. 나처럼 별 볼일 없고 보잘것없는 사람에게 호의를 베풀어주는 사람이 정말 많았다. 교회를 개척하는 과정에서도 그랬고, 교회 창립 멤버들과 교회 성도들을 봐도 그렇다. 이처럼 하나님의 사람에게는 근본적으로 하나님으로부터 부어지는 은혜가 주변 사람들이 베푸는 호의를 통해 열매로 맺힌다. 그런 맥락에서 이 말씀이 참 감동적으로 다가온다.

> 모압 여인 룻이 나오미에게 이르되 원하건대 내가 밭으로 가서 내가 누구에게 은혜를 입으면 그를 따라서 이삭을 줍겠나이다 하니 나오미가 그에게 이르되 내 딸아 갈지어다 하매 룻 2:2

나는 이 구절에서 두 가지 감동을 느끼는데, 하나는 '이삭줍기'라는 사회 시스템이다. 룻과 나오미는 요즘으로 치면 끼니 해결이 안 되는 극빈자이자 가장 낮은 계층의 사람들이다. 그런 룻이 끼니를 해결하기 위해 했던 일이 추수하는 남의 밭에서 이삭을 줍는 것이었다. 이것이 무엇을 의미하는가? 당시는 그것이 허용되는 사회였다는 것이다.

생각해보라. 오늘날 대한민국에서 '배고픈 사람이 동네 한 바퀴를 돌면 저 당시의 이삭줍기처럼 호의를 베푸는 사람들에 의해 한 끼를 해결할 수 있다'고 생각하는 사람은 거의 없을 것이다. 동네 한 바퀴가 아니라 백 바퀴를 돌아봐도 이삭을 흘려주기는커녕 마지막 한 톨까지 자기가 가져야 하는 삭막한 사회에서 살고 있기 때문이다.

그런데 당시 베들레헴은 극빈자였던 룻이 "제가 남의 밭에 가서 이삭을 좀 주워와야겠어요"라고 말하는 것이 용인되던 사회였다. 정말 아름다운 사회 아닌가?

하나님나라의 시스템

성경을 보면 '이삭줍기'가 하나님이 만드신 시스템임을 알 수 있다.

> 너희가 너희의 땅에서 곡식을 거둘 때에 너는 밭 모퉁이까지 다 거두지 말고 네 떨어진 이삭도 줍지 말며 네 포도원의 열매를 다 따지 말며 네 포도원에 떨어진 열매도 줍지 말고 가난한 사람과 거류민을 위하여 버려두라 나는 너희의 하나님 여호와이니라 레 19:9,10

세상의 법칙에 의하면 내 것은 내가 다 거두어가야 한다. 한 톨도 남기면 안 된다. 그것을 누군가 다른 사람이 가져가서는 안 된다. 그런데 하나님나라의 법칙은 그런 것이 아니다. 하나님이 나의 하나님이 되시고 내 인생의 아버지가 되신다면 우리가 따라야 할 법칙은 세상 것과 다르다. 하나님은 가난한 자, 연약한 이웃, 불쌍한 거류민들을 위해 내 것을 좀 흘리라고 하신다. 이것이 하나님나라의 시스템이다. 이와 비슷한 말씀이 신명기 24장에도 나온다.

당신들이 밭에서 곡식을 거둘 때에, 곡식 한 묶음을 잊어버리고 왔거든, 그것을 가지러 되돌아가지 마십시오. 그것은 외국 사람과 고아와 과부에게 돌아갈 몫입니다. 그래야만 주 당신들의 하나님이 당신들이 하는 모든 일에 복을 내려주실 것입니다. 당신들은 올리브 나무 열매를 딴 뒤에 그 가지를 다시 살피지 마십시오. 그 남은 것은 외국 사람과 고아와 과부의 것입니다. 너희는 포도를 딸 때에도 따고 난 뒤에 남은 것을 다시 따지 마십시오. 그 남은 것은 외국 사람과 고아와 과부의 것입니다. 당신들은 이집트 땅에서 종살이하던 때를 기억하십시오. 내가 당신들에게 이런 명령을 하는 까닭도 바로 여기에 있습니다. 신 24:19-22, 표준새번역

밭에서 곡식을 거두다가 곡식 한 묶음을 잊어버리고 왔다면 다시 가지러 돌아가지 말고 그대로 두라는 것이다. 왜 그런가? 그것은 외국

사람과 고아와 과부에게 돌아갈 몫이기 때문이다. 마찬가지 이유로 올리브 나무 열매를 딴 뒤에는 혹시 안 딴 것이 없나 다시 살펴보지 말고, 포도를 딸 때에도 뒤에 남은 것을 다시 따지 말라고 한다. 여기 나오는 '외국인과 고아와 과부'는 당시 사회에서 경제적으로 가장 어려운 저소득층 사람들을 상징적으로 표현한다.

이렇게 해야 하는 이유가 무엇인가? 우리에게도 어려웠던 시절이 있었기 때문이다.

"너도 이집트 노예로 어려운 생활을 할 때 주변의 누군가가 베푼 호의를 통해 여기까지 온 것이다. 이제 네가 밥을 먹고 살 만하게 되었으니 너도 주변 사람들을 돌아보아야 한다."

이것이 하나님나라의 시스템이다. 만약 지금 우리나라에 이 시스템이 적용된다면 어떻게 될까? 예를 들어 식당을 운영하는 분들이 고아와 과부와 나그네를 위해 어려운 이웃들이 이삭줍기를 하는 것처럼 동네를 한 바퀴 돌면서 끼니를 해결할 수 있도록 남은 음식을 가지고 식당 앞에 깨끗하게 마련해놓으면 어떨까?

안식년으로 LA에 있을 때 참 감동적인 장면을 목격한 적이 있다. 그때가 경제적으로 위기를 맞던 때였는데, 내가 출석하던 교회에서는 예배를 드리러 올 때 경제적인 여유가 있는 사람들이 쌀 포대를 가져다가 지정된 장소에 두고 갔다. 그러면 예배를 마치고 돌아가는 길에 쌀이 필요한 성도라면 누구든지 그것을 가지고 갈 수 있었다. 얼마나 아름다운 모습인가? 누구라도 여유가 있으면 이삭을 떨어뜨려놓고 가고, 누구라도 그것이 필요하면 가지고 가는 하나님나라의 시스템, 하나님이 우리에게 복원해주기 원하시는 것이 바로 이것이다.

하나님나라를 실천하는 사람들

또 하나 감동된 것은, 하나님이 원하셨던 이삭줍기를 보아스처럼 실제로 실천하는 사람들이 있었다는 것이다. 룻기는 사사기를 배경으로 한다. 사사 시대 때는 하나님 없이, 왕 없이 자기 소견에 옳은 대로 행하던 시대였다. 그렇기 때문에 사람들은 몰인정하고 무자비하며 자기 욕망에 따라 살아가고 있었다.

그런데 그런 사회 속에서도 보아스와 주변의 사람들처럼 하나님나라의 시스템인 이삭줍기를 실천하는 사람들이 있었다. 게다가 보아스는 하나님이 명령하셨던 것보다 훨씬 더 넓은 범위에서 그것을 실천하고 있었다. 그 모습이 정말 감동으로 다가왔다. 우리 역시 기도하는 일을 기쁘게 행하고 말씀을 사모할 뿐 아니라 보아스처럼 하나님나라의 시스템인 이삭줍기를 실천하는 자들이 되기를 바란다.

사사기와 룻기에는 한 세트이지만, 잘 살펴보면 묘한 차이점이 있다. 우선 사사기에는 삼손을 비롯한 뛰어난 영웅들이 등장하여 하나님이 아니면 도저히 설명할 수도, 믿을 수도 없는 기적들이 베풀어진다.

그런데 룻기에는 영웅이 등장하지 않는다. 평범한 소시민들만 등장할 뿐이다. 또한 룻기에는 이적 기사 대신에 사람들이 십시일반하여 이삭줍기할 수 있도록 서로를 배려하고 격려하는 장면들이 나온다.

오늘날 우리 시대에서 하나님의 일하심은 어떻게 나타나는가? 사사기처럼 나타나는가, 아니면 룻기처럼 나타나는가? 우리 시대는 하나님이 룻기처럼 일하시는 시대이다. 하늘의 천사를 동원하시고 하나님의 어떤 특별한 능력을 보이며 일하시는 시대가 아니라, 우리 같은 평범한 사람들을 통해 일하시는 시대이다. 그렇다면 우리는 어떻게 해야 할까? 하나님나라의 시스템인 이삭줍기에 주목해야 한다.

예전에 청소년 사역을 할 때, 한 달에 한 번씩 이삭줍기 헌금을 했다. 중고등학생에게 무슨 돈이 있겠나 하지만 천만의 말씀이다. 사실 청소년들이 알부자다. 꼬불쳐둔 돈이 얼마나 많은지 모른다. 한 달에 한 번씩 이삭줍기 헌금을 해서 어려운 친구들 등록금도 내주고 구제도 했는데, 그때마다 깜짝 놀랄 만한 액수가 나오곤 했다.

나는 아이들에게 늘 세 가지 구호를 외치게 했다.

"공부해서 남 주자! 돈 벌어서 남 주자! 은혜 받아 남 주자!"

세상은 "공부해서 남 주니?"라고 말하지만 하나님나라의 시스템은 공부해서 남 주는 것이다. 세상에서는 내가 잘살기 위해 돈을 벌지만 하나님나라에서는 남을 돕기 위해 돈을 번다. 예배와 말씀, 기도를 통해 은혜 받는 것도 나 혼자 누리기 위함이 아니라 남을 섬기고 베풀기 위함이다. 이것이 이삭줍기의 정신이다. 우리에게 연약한 이웃을 위해 일부러 이삭을 떨어뜨려주는 보아스와 같은 정신이 필요하다.

만남의 축복을 구하라

룻이 누린 하나님의 은혜와 관련해서 한 가지 더 살펴보고자 한다. 룻이 누렸던 하나님의 은혜는 '우연히'와 '마침'으로 설명되는, 근본적으로 하나님으로부터 받는 은혜였다. 그런가 하면 그 은혜는 주변 사람들이 베풀어주는 호의의 형태로 나타났다.

그러고 보면 우리는 하나님의 자녀로서 그분의 은혜를 받아 좋은 데 취직도 하고, 경제적으로도 넉넉해지는 복들을 누린다. 그러나 어떻게 보면 이런 것들은 다 부스러기 복들이다. 내가 진짜 하나님의 은혜인 '헨'을 누린다면 그 열매는 만남의 축복으로 연결된다. 우리가 가장 추구해야 할 은혜가 만남의 축복이다.

룻은 '우연히'와 '마침'으로 조합되는 하나님의 은혜를 받았으며, 보아스를 비롯한 이웃들의 따뜻한 호의로 그 은혜를 누릴 수 있었다. 그러나 결정적으로 룻은 운명의 상대인 보아스와 만남으로써 그녀의 인생이 완전히 역전되는 은혜를 누렸다. 그녀가 보아스를 만났기 때문에 다윗과 더 나아가 예수 그리스도의 계보를 잇는 영광을 누릴 수 있었다. 우리도 그 만남의 축복을 구하고 기대해야 한다.

어느 심리학자가 어린 시절에 겪은 불행이 인생에 어떤 영향을 미치는지를 연구했다. 그래서 어렵고 열악한 환경에서 자란 아이들 210명을 대상으로 장기간에 걸쳐 연구했다. 참 가슴 아픈 결과가 나왔다. 예상했던 대로, 그런 환경에서 배려 받지 못하고 자란 아이들 상당수가 학습장애와 사회 부적응 등을 겪었고, 그로 인해 어려운 삶을 살아가더라는 것이다.

그런데 놀랍게도 그중에서 72명의 아이들은 절망에 빠지지 않고 꿈을 가지고 잘 자라났다. 오히려 배려 받고 사랑받고 넉넉하게 자란 아이들을 뛰어넘는 아름다운 삶을 살아갔다.

심리학자는 그 원인을 알아보려고 72명의 아이들에게 어떤 일이 있었는지 심층 인터뷰를 했다. 그들에게는 공통점이 있었는데, 자신의 입장을 이해해주고 받아주었던 사람이 인생에 걸쳐서 최소한 한 명은 있었다는 것이다. 어렵고 낙후된 지역에서 배려 받지 못하고 자랐던 아이들이라 할지라도 인생에서 그것을 이해하고 용납하며 사랑해주는 단 한 사람과 만나는 축복을 누린다면, 그것을 극복할 수 있는 힘을 얻게 된다는 것이다.

이런 맥락에서 만남의 축복과 관련하여 두 가지의 기도제목을 나누고 싶다. 첫째, 우리 자신과 자녀들을 위해 만남의 축복을 구해야 한다. 둘째, 거기서 그치지 말고 바로 우리가 그 만남의 축복을 제공하는 보아스와 같은 인물이 되게 해달라고 기도해야 한다.

때로는 아이들에게 "좋은 친구를 사귀어야 한다. 그 친구는 행실이 좋아 보이지 않으니 가까이 지내서는 안 된다"라고 권면하는 것도 필요하겠지만, 그것만으로는 안 된다. 자녀들이 주변에서 안 좋은 영향을 받을 것을 염려하며 만남의 축복을 달라고만 기도할 것이 아니다. 바로 우리 자녀들이 주변 사람들에게 만남의 축복을 제공하여 좋은 영향력을 끼칠 수 있는 보아스와 같은 인물이 되도록 기도해야 한다.

사랑의 순환자로 서자

앞에서 갑자기 뇌종양 진단을 받고 투병생활을 하던 여고생이 후배 중학생들의 수련회에서 자신의 간증을 감동적으로 전했다는 이야기를 나눴다. 그런데 그 아이가 중한 병마와 싸우는 와중에도 절망하지 않고 깨끗이 치유함을 받아 하나님의 딸로 아름답게 자랄 수 있었던 것은 만남의 축복이 있었기 때문이다.

그 아이에게 신앙적으로 큰 영향을 주었던 무용 선생님은 예전에 교통사고를 당해 전신마비가 된 적이 있었다고 한다. 그때 병상에 누워 하나님께 이런 기도를 드렸다고 한다.

"하나님, 제가 이 두 다리로 병원을 걸어 나가게 된다면 다음 세대를 위해 제 삶을 하나님께 드리겠습니다."

하나님은 그 기도를 기쁘게 받으셨고, 그 분은 회복되셨다. 병상에서 일어난 그 분은 청소년 단체를 만들어 청소년들을 섬기기 시작했고, 그곳에서 그 아이를 만났다고 한다. 그러다가 그 아이가 암 투병을 하며 어려움에 빠졌을 때 남다른 마음으로 금식하며 기도하고, 끊임없이 그 아이를 축복하고 격려해서 말씀으로 서게 함으로써 회복할 수 있었다는 것이다. 이것이 사랑의 선순환이다.

우리 모두 사랑을 흘려보내는 사랑의 순환자가 되기를 바란다. 이삭줍기를 실천했던 보아스의 정신을 가지고 이 땅을 살아가기를 바란다. 내가 받은 은혜가 나만의 은혜가 아닌 또 다른 은혜의 혜택으로 주변 사람들에게 전해지는 것이 신앙이다. 보아스가 룻에게 이해가 안 될 정도로 호의를 베풀었던 것도 그가 받았던 하나님의 사랑에 대한 표현이었다. 모든 길이 로마로 통한다면 모든 신앙은 주님의 사랑으로 통한다. 우리도 그 사랑을 고백하면 좋겠다.

"하나님, 저는 여전히 부족하고 문제가 많은 사람입니다. 그러나 부인할 수 없는 한 가지는 제가 주님을 사랑한다는 것입니다. 저는 주님을 정말 사랑합니다. 그리고 더 사랑하기 원합니다."

이 사랑의 고백을 주님께 올려드릴 때 주님이 우리의 마음에 임하실 것이다. 주님께 이렇게 결단하며 기도하자.

"하나님, 저도 보아스처럼 가장 낮은 마음으로 겸손히 이삭줍기를 실천하는 하나님의 자녀가 되길 원합니다."

1 룻의 시어머니 나오미가 그에게 이르되 내 딸아 내가 너를 위하여 안식할 곳을 구하여 너를 복되게 하여야 하지 않겠느냐 2 네가 함께하던 하녀들을 둔 보아스는 우리의 친족이 아니냐 보라 그가 오늘 밤에 타작마당에서 보리를 까불리라 3 그런즉 너는 목욕하고 기름을 바르고 의복을 입고 타작마당에 내려가서 그 사람이 먹고 마시기를 다 하기까지는 그에게 보이지 말고 4 그가 누울 때에 너는 그가 눕는 곳을 알았다가 들어가서 그의 발치 이불을 들고 거기 누우라 그가 네 할 일을 네게 알게 하리라 하니 5 룻이 시어머니에게 이르되 어머니의 말씀대로 내가 다 행하리이다 하니라

새로운 꿈을 꾸기

시작하라

틀에 갇히지 않으시는 하나님

분당우리교회 홈페이지에는 간증 게시판이 있다. 이곳에 여러 사람들이 은혜로운 간증의 글을 많이 남겨주신다. 특히 '전 교인 간증쓰기 운동'을 펼치고 있는 요즘에는 날마다 새롭고 놀라운 역사로 가득한 은혜로운 간증들이 넘쳐나고 있다. 그런데 하루는 내가 준비하고 있던 설교의 내용을 요약해놓은 것 같은 간증이 올라와 있었다.

"저는 지금까지 유치원 다니는 다섯 살짜리 꼬마아이가 '우리 아빠는 부자예요. 우리 아빠는 10만 원이나 있어요'라고 자랑하는 것 같은 모습이었습니다. 사실 그 아이의 아빠는 10만 원만 가진 것이 아니라 대기업 회장님으로 헤아릴 수 없는 부자였는데 말이죠. 그 아이가 바라보았던 '10만 원 가진 아빠'의 모습이 제가 보는 하나님의 모습인 것을 알았습니다. 오늘 저는 창조의 하나님, 엘 샤다이의 하나님, 나의 하나님을 부끄럽지 않게 고백하려 합니다."

다섯 살짜리 꼬마아이에게 '10만 원'이란 돈은 우주를 다 가진 것과 마찬가지였을 것이다. 먹고 싶은 과자를 상상할 수 없이 많이 살 수 있고, 갖고 싶은 장난감도 살 수 있는 10만 원은 그 아이에게는 엄청난 돈이었다. 하지만 그 아이의 잘못은 아빠의 능력을 '10만 원'에 한정해버렸다는 것이다. 그런데 바로 이것이 하나님 앞에서의 우리의 모습은 아닌가? 우리는 하나님을 내 한계와 내 생각의 틀에 가두려고 한다. 우리는 그 틀을 깨야 한다.

이런 관점으로 룻기의 흐름을 다시 한 번 살펴보자. 1장에서는 10년 만에 고향 땅 베들레헴으로 되돌아가는 나오미의 모습이 나온다. 그녀는 그야말로 빈털터리였으며, 말 그대로 실패하고 절망한 인생의 표본이었다. 당장 먹을 것이 없고 생계가 막막했다. 오죽하면 "내가 풍족하게 나갔더니 여호와께서 내게 비어 돌아오게 하셨느니라"(룻 1:21)라고 한탄했겠는가?

이런 초라한 고백을 하던 1장의 나오미와 며느리 룻을 인도하신 하나님의 은혜를 보라. 그 은혜의 풍성함이 2장에 기록되어 있다.

식사할 때에 보아스가 룻에게 이르되 이리로 와서 떡을 먹으며 네 떡 조각을 초에 찍으라 하므로 룻이 곡식 베는 자 곁에 앉으니 그가 볶은 곡식을 주매 룻이 배불리 먹고 남았더라 룻 2:14

그것을 가지고 성읍에 들어가서 시어머니에게 그 주운 것을 보이고 그가 배불리 먹고 남긴 것을 내어 시어머니에게 드리매 룻 2:18

하나님은 그들을 한 걸음 한 걸음 인도하셨고, 그분의 은혜로 그들은 풍족해졌다.

룻이 밭에서 저녁까지 줍고 그 주운 것을 떠니 보리가 한 에바쯤 되는지라 룻 2:17

구약학자 김지찬 교수님은 여기 나오는 '한 에바'가 오늘날의 단위로는 22리터 정도 된다고 한다. 당시 남성 노동자의 하루 배급량이 0.5리터 정도였다고 하니, '한 에바'는 두 여인이 몇 주 동안이나 배불리 먹을 수 있는 양이었다. 고향으로 돌아올 때는 완전히 빈털터리였는데, 이제는 배불리 먹고도 남을 만큼의 양식을 누리게 되었다. 장족(長足)의 발전이다.

은혜에는 함정이 있다

그런데 그 말씀을 묵상할 때 하나님이 내 마음에 이런 메시지를 주셨다.

"그것이 나오미와 룻에게는 위험한 상황이다."

나오미와 룻은 2장에서 엄청난 풍요를 누리고 있다. 1장에 비할 때 2장은 그야말로 격세지감(隔世之感)을 누리게 하는 하나님의 은혜이지만, 거기에는 함정이 있었다. 룻을 향한 하나님의 계획은 이 정도에서 끝날 일이 아니라는 것이다.

룻기는 2장으로 끝나지 않는다. "배불리 먹었더라" 하고 끝나는 성경이 아니다. 진짜 하나님의 계획하심은 3장과 4장에 나온다. 2장의 풍성함은 장차 도래할 3장과 4장에서의 하나님의 은혜를 맛보기로 보여주는 시작에 불과했다.

그런데 우리 인생은 2장을 너무 좋아한다. 1장에서의 배고프던 시절을 생각하니 2장에 이르러서는 더 이상 바랄 것이 없어진다. 그리고는 "여기가 좋사오니" 하면서 2장에 둥지를 틀고 머물러 있는 인생이 얼마나 많은지 모른다.

나는 1992년 말에 청소년 사역을 시작했다. 내 인생의 룻기 1장은 미국에서 유대인 사장 밑에서 최저 임금을 받으며 온갖 수모를 다 겪으며 초라하게 살던 이십 대 때였다. 온갖 밑바닥 생활을 다 경험했다. 미국 공장에서 변기를 청소하고 쓰레기통을 뒤지기도 했다. 통장 잔고가 20불밖에 안 남도록 내 인생을 비우시고 괴롭히시던 하나님의

'괴롭히심의 은혜'로 나는 정말 바닥까지 내려갔었다.

하지만 룻기 1장과 같았던 내 인생의 10년 뒤 모습은 누구도 상상할 수 없던 것이었다. 바닥을 헤매고 촌스럽던 내가 서른두 살에 강남에서 청소년 사역을 시작한 것이다. 강남 아이들은 주먹만 한 얼굴을 좋아한다. 생긴 것도 매너도 세련되어야 호응을 얻는다. 그런데 촌스럽고 제대로 된 옷이라봐야 할인행사 때 구입한 5만 원짜리 양복이 다였던 내가 강남의 세련된 청소년들에게 설교를 했다.

아무것도 갖춘 것 없는 촌스런 단벌 신사가 나였다. 그런데 강남의 세련된 아이들이 나를 얼마나 따르고 좋아하는지, 이해가 안 되는 일이 벌어졌다. 자석에 쇠붙이가 달라붙듯이 아이들이 나에게 마음을 열고 그 마음을 주는데 정신을 차릴 수가 없었다.

나는 지금도 고분고분 설교하는 사람은 아니지만 그때는 더했다. 설교하다가 묵상 안 해온 아이들을 일으켜 벌을 세우기도 했고 야단도 많이 쳤다. 그런데도 아이들은 상처를 받는 것이 아니라 오히려 나를 너무 좋아해주었다.

마흔 두 살까지 꼭 10년 간 청소년 사역을 하다보니, 나중엔 아이들과 스무 살도 넘게 나이 차가 났다. 그런데도 아이들은 나를 친오빠나 형이나, 아빠 따르듯 신뢰해주었다. 청소년 사역을 마치던 마지막 주는 지금도 잊을 수가 없다. 아이들이 나와의 추억을 담은 글을 적은 쪽지로 온 벽을 도배해놓았다.

그렇게 영광스러운 10년을 보냈다. 꿈인지 생시인지, 도대체 무슨 일이 벌어지고 있는지도 모르는 새 시간이 흘렀다. 그런 와중에 《YY 부흥 보고서》라는 청소년 사역 관련 책을 쓰게 되었다. 출판사에서 요청이 와서 쓰긴 썼는데, 독자들의 호응이 있을지는 의문이었다. 그런데 그 책이 한 달 만에 기독교 부문 베스트셀러 1위가 되었다.

행복했던 룻기 2장이 지나고

이게 웬일인지. 내 인생의 이십 대는 룻기 1장처럼 너무 배고프고 가난해서 마음이 곤고한 시절이었다. 하지만 나의 삼십 대는 정말 풍성했다. 그래서 아이들에게 설교하면서 이런 고백을 한 적도 있다.

"얘들아, 나 지금 너무 행복하거든. 너희들 때문에 내가 행복해서 내 남은 인생은 이제 여한이 없다. 오늘 이대로 죽어도 나는 정말 여한이 없다."

이 고백은 하나님 앞에서 정직한 고백이었다. 그렇게 꿈같은 시간을 보내던 어느 날, 옥한흠 목사님이 나를 부르시더니 갑자기 교회를 개척하라고 말씀하셨다. 어른 목회는 해본 적이 없었기에 그 말씀이 조금 이해가 되지 않았다. "이제 청소년 사역은 그만두고 2,3년 어른 목회의 경험을 쌓은 뒤에 개척해라"라고 말씀하신 것이 아니라 당장 내년에 교회를 개척하라고 하시니 나로서는 당황스러운 일이었다. 하지만 나는 목사님의 말씀에 순종하면서 이렇게 기도했다.

"하나님, 제가 뭘 더 바라겠습니까. 이후의 인생은 덤으로 사는 인생입니다. 지금부터는 별책부록입니다. 제 인생에 어떤 일이 벌어지든지 저는 괜찮습니다."

갈등은 별로 없었다. 앞으로의 인생이 어떻게 펼쳐질지 모르겠지만 아무 상관없었다. 이미 나는 삼십 대 때 하나님이 주신 특별한 은혜로 내 인생의 즐거움을 다 누렸다고 생각했기 때문이다.

그렇게 분당우리교회를 개척한 것이 사십 대 초반이었다. 그 이후의 삶은 우리 교회 성도들이 다 알고, 이미 책을 통해 나눈 바와 같다. 나는 '별책부록'이라 생각하고 시작한 교회 개척인데, 어떤 별책부록이 이렇게 화려할 수 있을까? 개척 이후 11년 동안 나는 기적 같은 일들과 넘치는 하나님의 복을 상상할 수 없을 정도로 누렸다.

룻기에 담긴 하나님의 놀라운 은혜를 정리하다 보니, 이런 내 인생이 파노라마처럼 펼쳐졌다. 청소년 사역을 하며 룻기 2장과 같은 풍요로움을 누릴 때는 내 인생에 룻기 3장과 4장이 펼쳐질 것을 꿈에도 생각하지 못했다. 이렇게 멋진 교회에서 이렇게 멋진 영광을 누리는 목회자가 될 줄 누가 알았겠는가? 지금은 내 인생의 룻기 4장이다. 하나님의 은혜는 룻기 2장에서 멈추지 않는다. 이런 풍성한 은혜를 나뿐 아니라 모두와 함께 나누고 싶은 마음이 간절하다.

영적 포만감을 주의하라

혹시 지금 괴롭고 힘든 상황 가운데 처했는가? 2장이 펼쳐질 것을 기대하라. 또 2장에서의 하나님의 견인하심을 누렸는가? 그렇다면 그것은 진짜 본론인 3장과 4장에서의 하나님의 일하심을 맛보기로 보여주는 것에 불과하다는 것을 기억해야 한다.

> 나는 너를 애굽 땅에서 인도하여 낸 여호와 네 하나님이니 네 입을 크게 열라 내가 채우리라 시 81:10

이 말씀이 우리 안에 능력으로 나타나기를 바란다. 그런데 우리의 현실은 어떠한가?

> 내 백성이 내 소리를 듣지 아니하며 이스라엘이 나를 원하지 아니하였도다 시 81:11

"배부르게 먹고도 양식이 남을 만큼의 풍성함을 누리고 있으니 이 정도면 충분하다. 입을 벌려 더 구할 것도 없다."

이렇게 생각하며 2장에 안주하는 인생이 너무 많다. 혹시 우리 가운데 이런 분들이 있다면, 이제 더 놀라운 3장으로 진입할 수 있게 되기를 바란다.

우리는 '영적 포만감'을 경계해야 한다. 내가 가장 경계하는 것이 바로 이것이다. 교회에 사람들이 모이기 시작하면 금세 포만감을 느끼며 교만에 사로잡히는 안타까운 목회자들을 많이 봤기 때문이다.

그리고 또 하나 경계해야 하는 것이 '헛 멋'이다. 사람들이 조금 모이고 돈이 좀 모이기 시작하면 차부터 바꾼다. 목에 힘이 들어가기 시작한다. '헛 멋'이야말로 3장으로 진입하는 데 가장 무서운 적이다. '헛 멋'이 드는 것은 '영적 포만감' 때문이다. 포만감을 느끼지 않으면 '헛 멋'도 없다. 이런 '헛 멋'에 빠지지 않기를 바란다.

우리가 2장에 만족하고 '한 에바'의 포만감에 빠지게 되면 위험하다. 룻기 2장이 어떻게 끝나는가?

이에 룻이 보아스의 소녀들에게 가까이 있어서 보리 추수와 밀 추수를 마치기까지 룻 2:23

추수가 끝나면 이삭줍기도 끝난다. 그래서 우리가 2장에 만족하고 그곳에 둥지를 틀고 있으면, 그 인생의 마지막은 곤핍함으로 끝나고 만다. 그렇기에 2장의 풍요로움을 아직 누리고 있을 때 우리는 서둘러 3장과 4장으로 건너가야 한다. 룻기 2장에 만족하지 말고 룻기 3장으로 진입하는, 하나님의 은혜에 목마른 영혼들이 되기를 바란다.

기업을 무를 자, 고엘

이런 의미에서 나오미는 참 지혜로운 사람이었다. 그녀는 한 에바를 가져온 며느리에게 이렇게 묻는다.

시어머니가 그에게 이르되 오늘 어디서 주웠느냐 어디서 일을 하였느냐 너를 돌본 자에게 복이 있기를 원하노라 하니 룻이 누구에게서 일했는지를 시어머니에게 알게 하여 이르되 오늘 일하게 한 사람의 이름은 보아스니이다 하는지라 나오미가 자기 며느리에게 이르되 그가 여호와로부터 복 받기를 원하노라 그가 살아 있는 자와 죽은 자에게 은혜 베풀기를 그치지 아니하도다 하고 나오미가 또 그에게 이르되 그 사람은 우리와 가까우니 우리 기업을 무를 자 중의 하나이니라 하니라 룻 2:19,20

시어머니 나오미로 말미암아 보아스가 주목을 받기 시작한다. 20절에서 나오는 '기업을 무를 자'는 룻기 전체를 관통하는 중요한 개념이다. '기업을 무를 자'는 히브리어로 '고엘'이라고 하는데, 직역하면 '누군가를 대신해서 값을 지불해주는 사람'을 뜻한다. 고엘 제도에 대해서는 레위기 25장에 잘 나와 있다.

토지를 영구히 팔지 말 것은 토지는 다 내 것임이니라 너희는 거류민이요 동거하는 자로서 나와 함께 있느니라 너희 기업의 온 땅에서 그 토지

무르기를 허락할지니 만일 네 형제가 가난하여 그의 기업 중에서 얼마를 팔았으면 그에게 가까운 기업 무를 자가 와서 그의 형제가 판 것을 무를 것이요 레 25:23-25

고엘 제도를 몇 가지로 정리해보면, 먼저 레위기 25장에서처럼 친족 중에서 어떤 사람이 너무 가난해서 유산으로 받은 땅을 팔아버렸을 때 고엘, 즉 가까운 친족 중의 한 사람이 그 땅을 자기가 다시 사서 원래의 주인에게로 소유권을 되돌려줄 수 있다. 다른 경우로는, 가난 때문에 종으로 팔려간 사람이 있다면, 친족 중의 한 사람이 몸값을 대신 지불하고 그를 다시 자유롭게 해줄 수 있다. 또 친족의 형제가 자기 아내를 홀로 남긴 채 고인(故人)이 되면 가까운 친족 중의 한 사람이 그를 아내로 맞아 모든 신분을 회복시켜줄 수 있었다.

고엘 제도는 약자를 향한 하나님의 배려하심이다. 하나님은 이렇게 약자를 돌보길 원하시는 분이다.

잃어버린 꿈을 회복하자

나오미는 룻을 향한 보아스의 호의를 보면서 또 다른 꿈을 꾸기 시작했다. 그가 '고엘'일지 모른다고 생각한 것이다. 나오미는 한 에바의 식량에 만족하지 않고 꿈을 꾸는 사람이었다. 한 에바의 보리를 보면서 그것을 그저 식량으로만 보지 않고 하나님이 자신과 며느리를 버리지 않으시고 고엘을 통해 놀라운 은혜를 주실지도 모른다는 꿈을 꾸기 시작한 것이다. 신앙은 현실에 만족하는 것이 아니라 꿈을 꾸는 것이다.

3장에서, 나오미는 그 꿈으로 인해 능동적이 된다. 1장에서 그녀는 자신을 환영하는 고향 사람들에게 "나를 나오미라 부르지 말고 마라라 불러라"라고 할 정도로 절망하던 인생이었는데, 하나님의 꿈이 그 안에 들어가자 얼마나 적극적이고 역동적이 되었는지 모른다. 우리는 잃어버린 꿈을 다시 회복해야 한다.

내 인생의 3장과 4장을 살고 있는 요즘, 나는 나이가 들어가는 것을 느낄 때마다 아쉽기도 하지만 한편으로는 기대가 되기도 한다. 아쉬운 마음 30퍼센트, 기대되는 마음 70퍼센트 정도인 것 같다. 지금 이렇게 놀라운 은혜를 누리고 있는데, 아직 끝이 아니지 않은가? 내 육십 대는 얼마나 풍성할까? 내 칠십 대는 얼마나 더 풍성할까? 나는 정말 기대가 된다. 내 삶에 개입하셔서 일하시는 하나님이 나를 붙들고 계시기 때문이다.

진정한 고엘, 예수 그리스도

그런가 하면 그 꿈을 이루어주시는 분, 우리에게 진정한 고엘이 되시는 분은 예수 그리스도이심을 기억하고 그분을 바라보아야 한다. 구약의 고엘 사상은 예수 그리스도의 십자가 구속에 대한 예표(豫表)이다.

> 너희 몸은 너희가 하나님께로부터 받은바 너희 가운데 계신 성령의 전인
> 줄을 알지 못하느냐 너희는 너희 자신의 것이 아니라 왜 이렇게 말할 수
> 있느냐 값으로 산 것이 되었으니 그런즉 너희 몸으로 하나님께 영광을
> 돌리라 고전 6:19,20

가난 때문에 자신을 종으로 팔아버려서 평생 종의 신분으로 살아갈 수밖에 없을 때 친족 중 한 사람이 대신 돈을 지불하고 그를 종의 신분에서 구해주는 것처럼, 죄악으로 말미암아 하나님의 형상을 잃어버리고 원수 마귀의 종노릇 하면서 살아가던 우리를 위해 주님은 자기 자신을 지불하심으로써 고엘이 되어주셨다.

주님은 십자가의 피 값으로, 대속의 사랑으로, 죽음의 절망적인 고통에 스스로를 내던지심으로 우리를 다시 사주셨다. 우리를 건져주셨다.

성경은 룻을 묘사할 때 꼭 그녀가 이방 여자임을 밝힌다. '이방 여자 룻', 이것이 강조하는 것이 무엇인가? 그녀는 자격 없던 이방 여자였다. 남편을 일찍 잃고 비참하게 살아갈 수밖에 없는 자였다. 그녀에게 임한 하나님의 은혜를 강조하는 표현이 바로 '이방 여자 룻'이다.

우리는 이 회복의 말씀을 기억해야 한다. 우리는 모두 이방 남자이고, 이방 여자였다. 그런데 어떻게 '주님의 자녀'라는 존귀한 신분이 가능해졌는가? 고엘 되시는 주님의 십자가 때문이다.

내 안에 십자가의 흔적이 있기 때문이다. 나 같은 것을 구원해주시기 위해 주님은 십자가에서 찢기시고 피 흘리심으로 자신의 몸을 내어주셨다. 우리는 그렇게 구원받은 자들이다. 그것을 한시라도 잊어서는 안 된다.

> 야곱아 이스라엘아 이 일을 기억하라 너는 내 종이니라 내가 너를 지었으니 너는 내 종이니라 이스라엘아 너는 나에게 잊혀지지 아니하리라
> 사 44:21

궁극의 꿈, 하나님나라

또한 우리는 우리의 궁극적인 꿈이 하나님나라임을 잊어서는 안 된다. 한 끼 배 부르는 것이 룻의 인생의 목적이 아니다. 하나님은 룻을 통해 실로 놀라운 일을 계획하고 계셨다. 왕이 없어 자기 소견대로 행하던 타락한 사사 시대에 비천한 룻을 통하여 다윗이 태어나고, 그 계보를 통하여 예수 그리스도가 나시게 되는 놀라운 영적 비밀을 룻은 몰랐을 것이다.

시카고 바닥을 헤매던 이십 대 때의 비참한 삶이 영적으로 풍요로운 목사가 되기 위해 훈련하는 영적 사관학교였음을 그때는 몰랐다. 마찬가지로 오늘 우리가 겪고 있는 룻기 1장과 같은 이런저런 아픈 사연들은 2장에 이르러 '배불리 먹게 되었다'는 결론을 위한 것이 아니다.

시편 23편을 보면 1절에 "여호와는 나의 목자시니 내게 부족함이 없으리로다"라는 고백이 나온다. 그리고 2절에서 5절까지 이 땅에서 누리게 된 풍족한 은혜에 대해 나온다.

나를 푸른 풀밭으로 인도해주시고, 쉴 만한 물 가로 인도해주시며, 때로 사망의 음침한 골짜기에 빠질지라도 주의 지팡이와 막대기가 건져주신다는 것이다. 그러나 이 시편에서 가장 중요한 핵심은 마지막 6절에 있다.

평생에 선하심과 인자하심이 반드시 나를 따르리니 내가 여호와의 집에 영원히 살리로다 시 23:6

우리의 삶은 6절을 지향해야 한다. 나에게 닥친 어려움 속에서 내 눈물을 닦아주시는 하나님의 은혜를 경험했다면, 이제 한 에바를 기대할 것이 아니라 영원히 거할 하나님나라를 바라보아야 한다. 인생 길에서 푸른 초장과 쉴 만한 물가를 만났다면 "장차 그 나라에서 나를 풍족히 인도하실 하나님이 맛보기로 이것을 보여주고 계시는구나" 하고 알아야 한다.

원수의 목전에서 상을 차려주시는 풍요로운 하나님을 목도하게 되면 "하나님나라에서 누릴 풍요로움을 또 미리 맛보게 해주시는구나"라고 생각해야 한다.

주님은 우리의 병을 고쳐주시고 귀신을 쫓아내시려고 이 땅에 오신 것이 아니라 십자가를 지러 오셨다. 우리의 영혼을 구하러 오셨다. 그 밖의 일들은 맛보기로 보여주신 일들에 불과하다. 그런데 타락한 우리는 거기에만 관심이 있다.

"내 병도 고쳐졌으면 좋겠다. 나도 오병이어의 기적을 맛보면 좋겠다. 부자가 되면 좋겠다."

이제 우리의 시야가 넓어짐으로, 이 땅에서 경험하는 주님의 은혜 뒤에 주님의 십자가가 있고, 그 십자가 문을 통과하여 하나님나라로 들어가는 것을 볼 수 있는 영안이 열리게 되기를 바란다.

주님을 모시고 사는 주님의 백성은 요한복음 2장에 나오는 가나안 혼인잔치와 같은 삶을 살아간다. 처음에는 인간이 만들어준 포도주를 마시며 맛있다고 생각하지만, 주님과 동행하는 삶을 살면 더욱 윤택한 포도주를 마시게 된다. 주님이 만들어주시는 향내 나는 포도주를 마시며 사는 인생이 그리스도인의 삶이다.

지금도 이렇게 풍성한 하나님의 은혜를 누리며 살고 있지만, 나는 여전히 날마다 기대한다.

"내게 가장 좋은 것은 아직 오지 않았다."

이 기대감이 우리 모두의 인생에 넘치도록 풍성하게 임하기를 바란다.

13 이에 보아스가 룻을 맞이하여 아내로 삼고 그에게 들어갔더니 여호와께서 그에게 임신하게 하시므로 그가 아들을 낳은지라 14 여인들이 나오미에게 이르되 찬송할지로다 여호와께서 오늘 네게 기업 무를 자가 없게 하지 아니하셨도다 이 아이의 이름이 이스라엘 중에 유명하게 되기를 원하노라 15 이는 네 생명의 회복자이며 네 노년의 봉양자라 곧 너를 사랑하며 일곱 아들보다 귀한 네 며느리가 낳은 자로다 하니라 16 나오미가 아기를 받아 품에 품고 그의 양육자가 되니 17 그의 이웃 여인들이 그에게 이름을 지어주되 나오미에게 아들이 태어났다 하여 그의 이름을 오벳이라 하였는데 그는 다윗의 아버지인 이새의 아버지였더라

반전의 은혜를
경험하라

chapter 10

은혜를 사모하는 사람들

교회 홈페이지의 간증 게시판에 올라온 글들을 보면서 은혜를 받기도
하지만, 이런저런 사연과 아픔을 가진 분들이 참 많다는 것을 느낀다.
그런 글들을 읽을 때마다 '이런 어려움 가운데 있는 분들은 얼마나 힘
드실까?' 하는 생각에 마음이 아파온다. 그중에 최근에 읽은 한 자매
의 글을 소개하려고 한다.

"… 택시로 서울 강북에서 분당까지 가기에는 형편이 어려워서 카풀(car
pool)을 찾아봤지만, 서울 쪽은 찾아보기 힘들었습니다. 대중교통을 이
용할 수밖에 없어 노선을 알아봤지만, 그러면 새벽 1시에 교회 앞에 도착

하게 됩니다. 근처에 잠시 있을 곳이라도 있나 해서 목사님께 문의 드리니 야탑동에 찜질방이 있다고 하셨습니다. 그런데 찜질방 값을 지불하기에는 지금 형편이 여의치 않아 주변에 있을 만한 다른 곳을 찾아보다가 재생병원을 발견했고, 2일 밤 12시에 도착하여 병원으로 갔습니다.

그 시간에도 오가는 환자들과 사람들이 있어서 자연스럽게 본관으로 들어가 수납하는 곳 의자에서 노숙을 했습니다. 3시간 동안 저는 여기까지 이끄신 주님께 감사한 마음을 갖기도 했다가, 불편한 자리로 인해 머리가 아파올 때에는 여기 있을 수밖에 없는 처지에 속상해하기도 했습니다. 새벽 2시 50분에 병원에서 출발하여 탄천길을 걸어 교회에 도착했습니다. 그 이른 시간에 사람들이 꽤 모인 것이 참 신기했습니다. 어떤 말씀을 하실지 기대되는 새벽이었습니다.

샤다이의 하나님, 내 귀에 들려주시는 슈브 소리, 특히 목사님이 물고기를 쫓고 계시는 주님의 모습을 생각해보라고 하셨을 때는 눈물이 흘렀습니다. 저는 열심히 공부해서 좋은 성과를 얻기도 했지만 정작 결과로 이어지는 것은 없어서 힘들었습니다. 그런데 열심히 물고기를 쫓고 계시는 주님을 내가 놓치고 있었다는 생각을 하니, 그분의 섭리에 감격하여 감사기도만 나왔습니다.

지금 제 상황에서 달라진 것은 아무것도 없습니다. 두려움도 계속 찾아옵니다. 하지만 이끌어주시리라 믿습니다. 주님 앞에서 제 모습과 마음을 살피고 주님이 하실 일을 갈망하며 고백합니다.

'주님, 이 모든 것이 감사해요.'"

설교를 준비하다가 이 글을 읽는데 가슴이 뜨거워졌다. 새벽기도에 참석하고 싶은데 강북에서 분당까지 올 방법은 마땅치 않고, 잠깐 몸을 쉴 찜질방 갈 돈이 없어 병원에서 밤을 지새우다가 그 어둑한 길을 뚫고 이곳으로 온 그 자매의 발길을 생각하니 얼마나 감동이 되고 또 얼마나 감사했는지 모른다. 이런 귀한 분들을 생각하다가 불쑥 떠오른 말씀이 있다.

눈물을 흘리며 씨를 뿌리는 자는 기쁨으로 거두리로다 시 126:5

이 자매를 비롯하여 어려운 중에도 결단하고 은혜를 사모하는 주님의 자녀들에게 이 말씀이 구현되는 복이 있기를 축원한다.

이런 맥락에서 볼 때 룻기 4장은 정말 중요하다. 만약 룻기 4장의 별명을 지어보라고 한다면, 나는 '세 가지 은혜'라고 할 것이다.

반전의 은혜

첫 번째 은혜는 '반전의 은혜'이다. 룻기는 반전의 은혜의 기록이다. 나오미와 룻에게 어떤 반전이 일어나고 있는가? 룻기는 죽음으로 시작하는 성경이다. 절망과 실패로 시작하는 성경이 룻기이다.

1장 3절에서는 나오미의 남편 엘리멜렉이 죽었고, 5절에서는 두 아들 말론과 기룐이 죽었다. 그런데 4장에 이르러 새로운 생명이 탄생한다. 단절되고 끝났을 것으로 생각됐던 곳에서 하나님의 반전의 역사가 일어났다. 또한 룻기는 장례식으로 시작했다가 혼인잔치의 기쁨으로 끝난다.

이에 보아스가 룻을 맞이하여 아내로 삼고 그에게 들어갔더니 여호와께서 그에게 임신하게 하시므로 그가 아들을 낳은지라 여인들이 나오미에게 이르되 찬송할지로다 여호와께서 오늘 네게 기업 무를 자가 없게 하지 아니하셨도다 이 아이의 이름이 이스라엘 중에 유명하게 되기를 원하노라 룻 4:13,14

이는 룻기 1장 20절과 완전히 대조되는 말씀이다.

나오미가 그들에게 이르되 나를 나오미라 부르지 말고 나를 마라라 부르라 이는 전능자가 나를 심히 괴롭게 하셨음이니라 내가 풍족하게 나갔더니 여호와께서 내게 비어 돌아오게 하셨느니라 룻 1:20,21

이것이 나오미에게 주어진 대 반전의 은혜이다. 1장에서 울며 참담한 고백을 했던 나오미는 4장에서 주님의 풍성하심을 노래하며 찬양한다. 인생에서 그 과정이 얼마나 힘들었느냐 하는 것은 그다지 중요하지 않다. 마지막에 행복하면 다 행복한 인생이다.

우리는 지금보다 5년 뒤, 10년 뒤가 더 행복하기를 바라고, 또 우리 당대보다 우리의 자녀들이 더 잘되는 복된 가문이 되기를 바라지 않는가? 그것이 모두가 바라는 궁극적인 복일 것이다. 지금은 아무리 어렵고 힘들어도 반전의 은혜를 베푸시는 주님을 붙잡는 확신이 임하게 되기를 바란다. "내 인생에 가장 좋은 날은 아직 오지 않았다"는 확신이 하나님의 선물로 주어지기를 바란다. 그리하여 인생의 대 반전의 역사를 꿈꾸고 경험하는 인생이 되기를 바란다.

사명 회복의 은혜

두 번째 은혜는 '사명 회복의 은혜'이다. 룻기 4장 14,15절을 보자.

> 여인들이 나오미에게 이르되 찬송할지로다 여호와께서 오늘 네게 기업 무를 자가 없게 하지 아니하셨도다 이 아이의 이름이 이스라엘 중에 유명하게 되기를 원하노라 이는 네 생명의 회복자이며 네 노년의 봉양자라 곧 너를 사랑하며 일곱 아들보다 귀한 네 며느리가 낳은 자로다 하니라

하나님은 룻에게 이런 회복을 주셨다. 그런데 바로 그 다음에 이어서 말씀을 보자.

나오미가 아기를 받아 품에 품고 그의 양육자가 되니 룻 4:16

나오미는 며느리인 룻이 아이 낳는 기쁨을 맛보며 누리고 있다. 그러나 그에 그치지 않고 그녀는 아이의 양육자가 되었다. 회복은 사명으로 연결된다. 15절만 누리고 있으면 안 된다. 16절의 사명을 받아야 한다.

앞에서 거듭 말했던 것처럼 룻기는 사사기와 한 세트로 함께 읽어야 한다. 사사기의 마지막은 문제 제기로 끝난다.

그때에 이스라엘에 왕이 없으므로 사람이 각기 자기의 소견에 옳은 대로 행하였더라 삿 21:25

룻기의 마지막은 사사기의 이 문제 제기에 대한 해답이라 할 수 있다.

오벳은 이새를 낳고 이새는 다윗을 낳았더라 룻 4:22

그렇다면 이제 할 일은 무엇인가? 이 해답의 완성을 위한 하나님의 성취를 기대하면서 아이를 잘 키우는 일이다. 그것이 은혜 받아 반전의 역사를 경험한 룻과 나오미에게 주어진 사명이다.

나는 한국 교회에 선한 영향력을 끼치고, 세계에서 선교사를 제일 많이 파송하고, 전 세계에서 구원의 역사를 많이 이루어내는 거창한 것만이 우리의 사명이라고 생각하지 않는다. 우리의 가정에 보내주신 아이들을 잘 키우는 것 역시 막중한 사명이다.

가정을 위한 사명

강영우 박사는 우리나라 시각장애인으로는 최초로 미국 백악관 국가장애위원회 정책차관보까지 오른 인물이다. 그의 아들 강진영 박사도 오바마 정부의 입법관계 특별보좌관으로 지내고 있다고 한다. 대단한 아버지에 대단한 아들인데, 이들이 있게끔 한 배후에는 대단한 아내, 대단한 어머니가 있었다. 석은옥 여사이다. 예전에는 시각장애에 대한 편견이 더 많았음에도 기꺼이 강영우 박사를, 지금이야 박사지만 당시에는 보잘것없는 무명의 한 인물을 남편으로 맞아 뒷바라지했다.

남편을 독려하여 미국 유학을 가도록 했고 헌신적으로 그의 공부를 도왔다. 그 이야기를 들어보면 남편의 박사학위 70퍼센트는 아내의 몫이다. 강의를 전부 녹음하고 점자로 옮겨주고 책을 읽어주는 등 아내의 역할이 대단했다.

그런데 학위를 받은 후에도 취업이 안 되었다고 한다. 대학교수가 되고 싶었지만 그 길은 쉽게 열리지 않았다. 그래서 아이들 둘을 낳고 네 식구가 길거리로 내몰릴 정도로 경제적으로 어려워졌다. 그런 상황에서 강영우 박사가 실의에 빠질 때마다 그를 지탱해주고 지지하여 일으킨 사람이 바로 아내 석은옥 여사였다. 그 결과 얼마나 놀라운 일들을 이루어낼 수 있었는가? 정말 대단한 사명 감당이다.

나는 서른셋에 결혼했는데 당시로서는 늦은 나이였다. 선을 많이 봤지만 결혼으로 연결은 잘 안 되었기에 "하나님이 내게 독신의 은사를 주셨나보다"라는 조금은 씁쓸한 생각을 농담처럼 하면서 낙심해 있었다. 바로 그 즈음 주일학교에서 사역하던 전도사님이 지금의 아내를 소개해주었다.

사실 아내는 전도사라고 하니 결혼할 마음은 전혀 없이 자기가 섬기는 부서의 전도사님이 자꾸 만나보라니 거절하기 민망해서 그냥 한 번 만나보고 퇴짜를 놓으려고 했다고 한다. 그때까지 목회자의 아내가 되리라고는 전혀 생각해본 적이 없었기 때문이다. 게다가 아내는 미술을 전공했는데 전공을 더 살리고 싶은 마음에 대학원에도 진학하고 싶고 유학도 꿈꾸고 있었다. 그런 아내에게 나는 이렇게 말했다.

"전공을 살리지 못할까봐 걱정하는 거라면 걱정 마라. 나는 목사가 되기 위해서 한국에 왔지만, 당신이 진짜 하나님이 내게 주신 배우자라면, 그리고 그 배우자가 미술에 대한 마음과 꿈을 가지고 있다면 내가 목사 안 하겠다. 사람이 무엇을 하고 사는 것이 중요한 게 아니지 않는가? 게다가 나는 미국 시민권자이다. 당신이 원한다면 유학 보내 줄 수 있다."

노총각이 어떻게든 장가 가보려고 감언이설로 꼬드긴 것이 아니다. 이것은 당시 진짜 나의 신앙고백이었다. 하나님이 여자에게 은사와 재능을 주셨다면 왜 남편 때문에 그 꿈을 접어야 하는가? 오히려 내 꿈을 접을 수도 있는 것 아닌가?

그리고 우리는 두 달 반만에 결혼했다. 결혼 당시 아내는 개인 화실도 운영하고 있었고, 모 대학원 입학원서를 준비하기도 했다. 아내에게는 정말 하나님이 주신 미술의 달란트가 있었다.

그런데 어느 날 새벽에 갑자기 아내가 나에게 할 말이 있다고 했다. 그러더니 결혼하고 미술학도로서의 자신의 역할과 이찬수 목사 아내로서의 자신의 역할을 놓고 굉장히 오래 고민하고 기도했는데, 아무리 생각해도 미술학도로서의 자신을 지키는 것보다는 이찬수 목사 아내로서 자리매김을 하는 것이 자신에게 더 유익할 것 같다는 결론을 내렸다는 것이다. 그러면서 미술학도로서의 꿈을 기쁘게 포기하고, 이제 새로운 꿈을 꾸겠다고 말했다.

그러더니 붓을 꺾어버린 사람처럼 화실을 정리했다. 그리고 20년이 넘도록 지금까지 한 번도 미술에 대한 미련을 꺼내 보인 적이 없다. 그렇게 나같이 부족한 사람에게 시집 와서 자신의 꿈을 포기하고 목사 아내로서 뒷바라지 하며, 아이 셋을 낳아 잘 기르는 일에 자신을 희생하며 사명으로 감당했다.

한 교회를 위한 사명

간혹 나에게 이런 요청을 하는 분들이 있다.

"목사님, 한국 교회를 살려야 되지 않습니까? 한국 교회를 위해서 목사님이 좀 나서주십시오. 지금 이러이러한 단체를 시작하려고 하는데 목사님이 책임을 좀 맡아주십시오."

하지만 한 번도 그런 요청을 받아들인 적이 없다. 그리고 그때마다 반복하는 한 마디가 있다.

"죄송하지만 저는 한국 교회를 살릴만한 인물이 아니고 그냥 분당 우리교회 목사입니다. 저는 한국 교회를 살리는 일에 쓰임 받을 그릇이 못 됩니다. 오늘 한국 교회가 이렇게 어지럽고 힘들기 때문에 제게 맡겨진 이 한 교회를 잘 섬기는 것이 제게 주어진 사명이라고 저는 믿습니다. 정말 죄송합니다."

이렇게 말씀드리면 대부분 그냥 돌아가신다. 그러나 어떤 분들은 좀 속상해하신다.

"목사님, 너무 이기적이지 않습니까? 목사님 교회만 그렇게 살피시는 것은 좀 이기적인 것처럼 보입니다."

그러면 나는 이렇게 이야기할 수밖에 없다.

"하나님은 제가 한국 교회 살린다고 돌아다니면서 정작 섬기는 자기 교회는 제대로 돌보지 않는 것을 기뻐하지 않으신다고 저는 확신합니다. 이 땅의 모든 담임목사님들이 각자 자기에게 맡겨진 자기 교회를 살려내려고 최선을 다한다면 그것이 한국 교회가 살아나는 길이라고 믿습니다."

이런 생각은 가정에도 그대로 적용된다고 믿는다. 우리가 하나님 앞에서 비장한 꿈을 꾸는 것도 중요하지만, 내 아이를 잘 길러야 되겠다고 결단하는 것도 중요하다. 오늘 내게 맡겨진 작은 일에 충성을 다할 때 하나님이 그 일을 통하여 일하실 줄로 믿는다.

물론 우리 교회가 우리끼리만 믿음 좋은 것처럼 자족하며 살아가면 안 된다. 하나님이 우리에게 은혜를 주셨다면 그것은 내 가정, 내 교회를 살려내는 일에 사용되어야 한다. 그래서 그 은혜가 한국 교회를 살려내는 작은 불씨를 제공하는 사명으로 연결되길 바란다.

나는 나오미가 그 아이의 양육자가 되었다는 16절 말씀을 보면서 인생은 두 종류라는 생각이 들었다. 하나는 생존을 위해 사는 인생이고, 다른 하나는 사명을 따라 사는 인생이다. 만일 룻과 나오미가 2장에 머물렀다면 하나님의 구원 역사는 그들에게서 일어나지 않았을 것이다.

하나님이 2장의 은혜를 주시면 우리는 마치 엘리야가 손바닥만 한 작은 구름을 본 것처럼 그분의 작은 역사를 붙들어야 한다. 그러면 하나님은 그것을 통해 우리에게 일할 만한 사명을 주실 것이다.

생존을 위하여 안주하는 그때부터 우리 인생은 끝장이다. 나는 이것을 가장 두려워한다. 교회가 커지다보니 자체적으로 이것을 유지하는 데에도 힘이 많이 든다. 그렇다고 해서 내가 은퇴할 때까지 현상 유지하는 것에 만족해야 되겠다고 생각한다면, 그때부터 타락의 길로 들어가게 될 것이다. 우리는 목숨이 다하는 그날까지, 무덤에 가는 그날까지 하나님이 주신 사명을 의식하고 그 사명을 이루어내려고 몸부림쳐야 한다. 그래서 마침내 다윗을 출현시키는 것으로 마무리되는 인생이 되어야 한다.

'한 사람 철학'의 은혜

세 번째로 룻기는 '한 사람 철학의 은혜'에 대한 기록이다.

룻과 나오미에게 주어진 대 반전의 역사의 배후에는 하나님이 계셨다. 그렇기 때문에 룻기를 읽을 때 "엘리멜렉이 저지른 잘못을 범하면 안 되겠다, 룻과 나오미가 회복을 위해 애쓴 것처럼 그렇게 살아야겠다"라고만 적용한다면 그것은 도덕책이지, 하나님의 말씀이 아니다.

룻기에는 엘리멜렉도 나오고, 룻도 나오고, 나오미도 나오지만 룻기의 주인공은 하나님이시다. 엘리멜렉의 실패를 들어 사용하신 하나님, 아무리 발버둥을 쳐도 회복할 수 없는 절망의 구렁텅이에 빠졌던 룻과 나오미를 건져내시고 그들을 통하여 끝내 다윗의 계보를 잇게 만드시는 하나님을 볼 수 있는 눈이 있어야 한다. 이런 관점으로 룻기를 보면 한 사람의 회복에 집중하시는 '한 사람 철학'을 가지신 하나님의 성품을 발견할 수 있었다.

함께 읽어야 할 사사기와 비교해보면, 사사기는 이스라엘 사회 전체를 다루고 있는 반면 룻기는 보잘것없는 한 가정과 한 개인을 다루고 있다. 사사기에는 수많은 영웅들이 등장한다. 이름만 들어도 알 수 있는 이들, 부러워하고 흠모할 만한 거목들이 등장한다. 하지만 룻기에서는 너무나 보잘것없고 평범한 소시민들의 일상이 다루어진다. 사사기에서는 놀라운 이적과 기사도 많이 일어나지만 룻기에는 그런 기록은 없다.

이를 비교하면서 발견한 은혜가 있다. 하나님은 사사기에서처럼 이스라엘 전체의 구원 역사에도 관심을 갖고 일하시지만, 작은 한 여인의 눈물도 외면하지 않는 분이시라는 것이다. 실패한 한 인생에게 다가가서 따뜻하게 손을 내밀어주시는 하나님의 모습을 보게 된다.

최근에 나는 우리 교회에서 일하는 교역자들이 분당우리교회의 정체성에 대해 얼마나 알고 있는지를 점검하고 싶어 숙제를 내주었다. '분당우리교회를 어떤 교회로 생각하고 있는지, 담임목사의 목회 철학을 어떻게 이해하고 있는지'에 대해 정리해서 제출해달라는 것이었다. 그랬더니 교회의 장점과 단점 등을 많이 정리해서 내주었다.

그중에 개인적으로 영광이고 기뻤던 부분이 있다. 분당우리교회 담임목사의 목회 철학에 대해 꽤 많은 교역자가 '한 사람 철학'이라고 대답해준 것이다. 그것이 너무 기뻤다. 내가 꿈꾸는 것이 바로 '한 사람 철학'이기 때문이다.

> 그들이 소리를 높여 다시 울더니 오르바는 그의 시어머니에게 입 맞추되 룻은 그를 붙좇았더라 룻 1:14

나오미의 두 며느리 중 오르바는 작별을 고하고 떠났는데, 룻은 왜 시어머니 나오미를 붙좇았을까? 인간적으로 생각하면 오르바의 판단이 옳게 보인다. 모압 여자인 오르바가 나오미를 따라서 베들레헴으로 갔다면 그녀는 모압 사람에 대한 편견과 수모를 다 겪어내야 했을 것이다. 생계가 보장되어 있는 것도 아니었다.

그렇게 본다면 룻이 나오미를 붙좇았던 이유는 딱 하나밖에 없다. 그녀는 장래에 어떤 유익이 있을 것이라는 계산을 한 것이 아니었다. 오직 '한 사람' 시어머니에 대한 사랑과 긍휼의 마음 때문에 나오미를 붙좇았던 것이다. 이것이 한 사람 철학이다.

주님은 나 한 사람을 위해서라도 십자가를 지신다

우리의 섬김과 말씀 선포, 우리의 모든 몸부림의 결정체는 한 사람을 향한 마음이다. 그래서 교역자들의 답변을 보고 기쁘면서도 한편으로 반성을 많이 했다. 어느 순간 교회가 너무 커지면서 나를 찾는 성도의 10분의 1도 다 만나지 못하게 되었다. 물론 나는 늘 이런 핑계를 댄다.

"제 몸은 하나인데 저를 찾는 사람이 너무 많기 때문에 제가 다 섬길 수 없습니다."

이 말은 사실이지만, 그저 또 하나의 핑계는 아닌지 생각해본다. 그러면서 다시 한 번 하나님 앞에 은혜를 구하며 부르짖는다.

"하나님, 제가 분당우리교회 모든 성도들을 일일이 찾아가 손을 붙잡고 기도하는 일은 못한다 할지라도 제가 할 수 있는 데까지는 핑계 대지 않고 행하는 목사가 되기를 원합니다."

나는 우리 모두가 '한 사람 철학'을 주님으로부터 전수받는 은혜를 누리길 바란다.

신학교 시절 한 교수님에게 들었던 말씀이 언제나 내 마음에 담겨 있다.

"하나님은 온 인류의 죄를 구원하기 위하여 십자가를 지셨지만, 만약 하나님이 오늘 이찬수라는 한 사람을 구원하시기 위하여 십자가를 지셔야 한다면, 그분은 기꺼이 나 한사람을 위하여 십자가의 자리로 가실 것이다."

나는 이 말씀을 믿는다. 하나님은 온 인류의 구원 역사를 위해서도 일하시지만 나 한 사람을 위해서도 일하시는 분이기 때문이다. 그 하나님이 나의 하나님이시다.

제자 훈련하는 교회들이 공통적으로 추구하는 말씀이 있다.

그 작은 자가 천 명을 이루겠고 그 약한 자가 강국을 이룰 것이라 때가 되면 나 여호와가 속히 이루리라 사 60:22

작은 자가 천 명을 이루고, 약한 자가 강국을 이루는 일이 어떻게 가능해질 수 있는가? 우리가 한 명을 마치 천 명을 보는 것같이 대하시는 하나님의 은혜를 경험하고, 내가 받은 은혜를 누군가에게 돌려주고자 몸부림칠 때 이 말씀이 구현되는 놀라운 역사가 있을 것이다.

나는 '나'라는 작은 자 한 명이 천 명의 역사를 이루는 하나님의 사람이 되기를 원한다. 지나가는 어린아이 하나도 소홀히 대하지 않고 그의 등을 두드려주는 교회, 젊은이들의 눈물을 닦아주는 교회, 마음이 상한 성도를 외면하지 않는 교회를 이루어가기를 다짐해본다.

사람이 이렇게 많으니 상처받는 사람도 있는 거라고 생각할지 모르지만, 하나님은 사람이 이렇게 많은 것에 주목하시는 것이 아니라 그 안에 있는 한 사람, 한 사람의 영혼에 주목하신다. 그 한 사람을 위하여 십자가를 지셨기 때문이다. 우리가 이 사실을 깨닫고 '한 사람 철학'을 회복하기를 바란다. 내 옆에 있는 그 한 사람이 하나님이 주목하시는 사람이다.

은혜를 흘려보내는 은혜

이제 룻기 전체를 정리하면서, 보아스가 이방 여인 룻을 처음 만나서 했던 격려의 말씀을 전하고자 한다.

> 여호와께서 네가 행한 일에 보답하시기를 원하며 이스라엘의 하나님 여호와께서 그의 날개 아래에 보호를 받으러 온 네게 온전한 상 주시기를 원하노라 하는지라 룻 2:12

목회자로서 나는 모든 성도들이 이 은혜를 받아 누리길 바란다. 또한 우리가 받아 누린 그 은혜를 상한 마음을 가진 누군가에게로 흘려보내기를 바란다. 어떤 면에서는 어려움에 봉착한 오늘의 한국 교회가 살아날 수 있는 유일한 대안이 바로 여기에 있다고 생각한다.

먼저 믿는 우리가 룻기 2장 12절의 은혜를 풍성하게 받아 누려야 한다. 그리고 그 받은 은혜가 심령에 흘러넘쳐서 그 넘쳐나는 은혜를 주변 이웃들에게로 흘려보내야 한다. 나는 한국 교회 안에서 이런 일이 잘 일어나지 않기 때문에 전도의 문이 막혀버린 초라한 현실에 직면

했다고 생각한다.

분당우리교회에서 매년 가을마다 믿지 않는 분들을 교회로 초청하는 전도집회를 갖는다. 전도집회 때 꽤 많은 분들이 초대에 응하여 교회로 나온다. 그중에는 교회나 목사들에 대한 반감을 가지고 있는 사람들도 있다. 그런데 놀라운 것은 전도집회를 통해 그 분들의 반감이 사라지고 생각이 바뀌는 일들이 많이 일어난다는 것이다. 이것이 예배의 위력이고 능력이다.

이런 일들을 목도하며 나는 한 가지 확신했다. 교회들이 지금이라도 하나님 앞에 그동안의 부끄러운 모습들을 회개하고 하나님의 풍성한 은혜를 회복한다면, 그리고 그 받은 은혜를 주변 이웃들에게로 흘려보낸다면 한국 교회의 회복은 가능하다는 것이다. 이 깨달음으로 인한 '한국 교회 회복의 가능성'에 대한 확신이 내가 룻기를 통해 얻게 된 가장 소중한 선물이다.

내가 이 말씀을 준비하는 중에 교구 목사님 한 분에게서 이메일이 왔다. 그 목사님 교구의 성도 한 분이 간식 헌금으로 800만 원을 드렸다는 내용이었다. 그래서 무슨 간식비로 800만 원이나 헌금을 했는지 의아했는데, 알고보니 그 성도의 아내 되는 집사님이 많이 편찮으시다고 했다. 6년 전에 유방암으로 수술을 받고 회복되었는데, 작년에는 뇌 암이 발견되어 수술을 받고 항암치료 중에 있다는 것이다. 이제 곧 방사선 치료를 시작할 예정인데, 자칫하면 기억을 잃을 수도 있는 상황이라고 한다. 그 집사님이 교회의 리더들과 소그룹 구성원들, 그리고 교역자들의 수고에 감사하는 마음을 표현하고 싶은데, 그 감사의 기억을 잃어버리기 전에 표현하고 싶어서 헌금을 드리게 되었다고 한다.

아니, 지금 이분이 감사할 상황인가? 뇌 암이 발견되어 하나님의 괴롭히심의 자리에 들어가 있는 사람이 취할 일인가? 그런데 그 절망적인 상황 속에서도 혹여나 치료 중에 기억을 잃어버려 감사를 놓치게 될까봐 그 전에 감사를 표현하고 싶어 한 것이다. 이분의 놀라운 은혜의 선물로 특새 마지막 날 교회 마당에서는 잔치가 벌어졌다. 그날 마당에서 나누어준 떡과 음료수를 받고서 눈물 흘리는 성도들도 있었다. 그 떡과 음료수가 어떤 의미를 담고 있는지 잘 알고 있었기 때문에 받은 감동이었다.

나는 그날의 감격을 기억하면서 우리 모두에게 도전하기 원한다. 방사선 치료를 받은 적도 없는 우리는 왜 받은 은혜를 다 잊어버리고 날마다 하나님께 상처만 받은 사람처럼 살아가고 있는지 돌아봐야 하겠다. 하나님이 우리 인생 가운데 주신, 말로 다 할 수 없는 은혜를 내 영혼의 밭에 심어두자. 실패한 한 인생, 룻과 나오미에게 주셨던 대 반전의 은혜를 미리 맛보며 사명 회복의 은혜, 한 사람 철학의 은혜를 삶에서 구현해나가는 우리 모두가 되기를 바란다.

> ### 다시 복음으로,
> # 다시 주님 앞으로!

지난여름부터 하나님은 내 마음에 큰 부담을 주셨다.

"내가 섬기고 있는 분당우리교회는 단기간에 많은 사람들이 모이는 교회로 성장하여 겉으로 보기에는 사람들의 이목을 끌고 있지만, 과연 하나님도 이 교회를 건강한 교회로 보고 계실까? 과연 분당우리교회는 예수 그리스도와 그분의 십자가가 그 중심에 서 있는 교회일까?"

이런 질문들을 가지고 꽤 오랜 시간을 고심하며 기도했다. 하나님은 이처럼 교회를 향한 고민에 빠져 있던 나에게 "다시 복음으로!"라는 슬로건을 만나게 하셨다.

나는 2013년 하반기가 시작되는 시점에 전 교회적으로 이것을 선포했다.

"다시 복음으로!"

212

그러고는 '전 교인 간증쓰기 운동'을 통해 온 성도들과 함께 기도하기 시작했다. 예전에 만났던 하나님이 아니라 바로 오늘 이 시간에 나를 만나주시는 하나님을 회복하기를 사모했다. 그리고 그 과정에서 특별새벽부흥회가 시작되었다. 그때 살펴본 '룻기'의 초점은 딱 하나였다.

"인간의 실패와 하나님의 일하심."

남편이자 아버지였던 가장 엘리멜렉의 판단 착오로 시작된 궤도 이탈이 한 가정을 철저한 몰락의 길로 이끌었다. 그러나 놀랍게도 하나님은 그 비참한 실패의 자리에서, 실패한 그 사람들을 통하여 일하기 시작하셨다. 이것이 나에게 전율을 느끼게 할 정도로 감동이 되고 또 희망이 된다.

아마도 룻기에서 가장 핵심적인 단어는 '하나님의 은혜, 하나님의 사랑'이라는 의미를 담고 있는 '헤세드'가 아닐까 싶다. '헤세드'는 하나님의 주도적인 사랑이요, 하나님의 신실하심으로 유지되는 사랑이요, 우리를 붙드시고 절대 포기하지 않으시는 사랑이다.

그 하나님의 사랑으로 절벽 아래 떨어져 있던 이방 여인 룻이 하나님의 백성이 되었다. 그리고 기업 무를 자 보아스를 만나 장차 예수 그리스도가 그 계보를 통해 태어나시게 되는 영광을 누리게 되었다. 그 하나님의 사랑이 지금 우리를 향하고 있다.

요엘서 2장 22절에 보면 이런 말씀이 나온다.

들짐승들아 두려워하지 말지어다 들의 풀이 싹이 나며 나무가 열매를 맺으며 무화과나무와 포도나무가 다 힘을 내는도다

얼어붙은 겨울 내내 생기 없이 죽어 있던 생명들이 봄이 되면 어김없이 다시 생명을 회복하는 것처럼, 하나님은 범죄함으로 생명 없이 죽은 것 같은 이스라엘을 회복시키고 소생시키신다.

"두려워 말라. 내가 다시 일으키리라."

하나님의 음성이다.

나는 소망한다. 이런 저런 실수와 판단 착오로, 혹은 궤도 이탈이란 범죄함으로 혼미한 자리에 빠져 있는 모든 분들이 겨울철 죽은 것 같은 나무가 봄에 다시 소생하는 것처럼 다시 일어나게 되기를 소망한다. 이방 여인 룻이 그랬던 것처럼, 남편과 자식을 모두 잃은 나오미가 회복된 것처럼….

그러기 위해서는 우리를 사랑하시되 끝까지 사랑하시는 헤세드의 하나님을 만나야 한다.

너희 안에서 착한 일을 시작하신 이가 그리스도 예수의 날까지 이루실 줄을 우리는 확신하노라 빌 1:6

우리를 붙드시고 결코 놓지 않으시는 헤세드의 하나님, 우리의 실패까지도 사용하셔서 일하시는 그 하나님을 만나기 바란다.

붙들어주심

초판 1쇄 발행　　2013년 11월 25일
초판 26쇄 발행　　2020년 1월 31일

지은이　　　　이찬수

펴낸이　　　　여진구
책임편집　　　이영주
편집　　　　　김아진, 안수경, 최현수, 김윤향
디자인　　　　마영애, 노지현, 조아라, 조은혜
기획·홍보　　 김영하　　　　　　　　　해외저작권　　기은혜
마케팅　　　　김상순, 강성민, 허병용　　마케팅지원　　최영배, 정나영
제작　　　　　조영석, 정도봉　　　　　 경영지원　　　김혜경, 김경희

이슬비전도학교　　최경식　　　　　　　　303비전성경암송학교　　박정숙
303비전장학회 & 303비전꿈나무장학회　여운학

펴낸곳　　　　규장

주소 06770 서울시 서초구 매헌로 16길 20(양재2동) 규장선교센터
전화 02)578-0003　팩스 02)578-7332
이메일 kyujang0691@gmail.com　　홈페이지 www.kyujang.com
페이스북 facebook.com/kyujangbook　인스타그램 instagram.com/kyujang_com
카카오스토리 story.kakao.com/kyujangbook
등록일 1978.8.14. 제1-22

책값 뒤표지에 있습니다.
ISBN 978-89-6097-327-5 03230

이 도서의 국립중앙도서관 출판시도서목록(CIP)은 서지정보유통지원시스템 홈페이지(http://seoji.nl.go.kr)와
국가자료종합목록구축시스템(http://www.nl.go.kr/kolisnet)에서 이용하실 수 있습니다.
(CIP제어번호 : CIP2013024894)

규 | 장 | 수 | 칙

1. 기도로 기획하고 기도로 제작한다.
2. 오직 그리스도의 성품을 사모하는 독자가 원하고 필요로 하는 책만을 출판한다.
3. 한 활자 한 문장에 온 정성을 쏟는다.
4. 성실과 정화를 생명으로 삼고 일한다.
5. 긍정적이며 적극적인 신앙과 신행일치에의 안내자의 사명을 다한다.
6. 충고와 조언을 항상 감사로 경청한다.
7. 지상목표는 문서선교에 있다.

하나님을 사랑하는 자 곧 그의 뜻대로 부르심을 입은 자들에게는 모든 것이 습力하여 善을 이루느니라(롬 8:28)

Member of the
Evangelical Christian
Publishers Association

규장은 문서를 통해 복음전파와 신앙교육에 주력하는 국제적 출판사들의
협의체인 복음주의출판협회(E.C.P.A:Evangelical Christian Publishers
Association)의 출판정신에 동참하는 회원(Associate Member)입니다.